モラルハラスメント
あなたを縛る見えない鎖

INVISIBLE CHAINS
OVERCOMING COERCIVE CONTROL IN YOUR INTIMATE RELATIONSHIP
LISA ARONSON FONTES

リサ・アロンソン・フォンテス　宮家あゆみ 訳

晶文社

Invisible Chains

Overcoming Coercive Control in Your Intimate Relationship
by Lisa Aronson Fontes, PhD

Published by arrangement with The Guilford Press, New York
through Tuttle-Mori Agency, Inc.

本書について

この本は、カップルの一方が相手を支配し、虐待的な方法で脅すというモラルハラスメント（アメリカでは「コアシブ・コントロール」と言います）と呼ばれる関係についての本です。たいていの場合、モラルハラスメントの関係は「すべてが悪い」と思うことばかりではありません。モラルハラスメントは、相手からの愛情のように感じられることが多くあります。相手からの情熱や親切が、脅し、罰、孤立、さらには肉体的暴力と共存する。これがモラルハラスメント、すなわちモラハラの正体です。

モラハラは愛情のように感じられることが多い

モラルハラスメントは、おたがいが強い絆や希望や夢で結ばれている間柄に起きることから、特別な種類の苦痛といえます。たとえば見知らぬ他人から一度の暴行を受けるのとはちがい、モラハラは何カ月も何年も、あるいは何十年にもわたって続きます。モラハラは被害者の自立性と幸福感を時間とともにすり減らしていきます。相手を支配しようとする直接的な行動と、おそらくは身体的暴力との狭間で被害者はおびえながら生きています。精神的苦痛は、平穏そうにみえる時も常に続いています。

女性であっても、もちろん男性と同様に支配的になったり、嫉妬深くなったりすることはあります。しかし、のちに理由を説明しますが、モラハラは、男性が女性パートナーに対して相手を傷つける、脅す、侮辱する、孤立させるといった攻撃手段を使うケースがほとんどです。それでも時には女性が加害者となり、男性が被害者となる場合もあります。ゲイ、レズビアン、バイセクシャル、トランスジェンダーなどの人々の間でも同様に発生します。本書は文化、年齢、性別あるいは性的指向[*]にかかわらず、パートナーに支配されているすべての人々の助けになるように構成されています。ＬＧＢＴ[**]の人々や、女性が男性を支配する関係でのモラハラについては、第5章で詳しく述べます。

本書では、「日常」と「極端なケース」の両方について見ていきます。微妙な形で表れるモラハラのなかには、気づくのが難しく、最初は愛情のように感じられるものもあります。たとえば、パートナーの男性がいつも彼女と一緒にいたいと言えば、女性は嬉しく感じるでしょう。仕事先まで車で送り、ランチを一緒に食べ、買い物にもついてきます。家族や友人は、そんなにも思いやりのある相手を見つけた彼女を褒めてくれるでしょう。彼は、君を愛している、君の安全を心配しているんだと言い、彼女は自分ひとりの時間がまったくない居心地の悪さを感じていても、その気持ちを脇に置いてしまいます。日中、頻繁にくるショートメールは、仕事の妨げになる時もあります。電話やメールにすぐに返事をしなかったり、前もって言わずに友だちと時間を過ごしたりすると彼は怒り出すようになります。やがて彼女の携帯電話をチェックし、質問攻めで彼女を動揺させるようになります。これらの行為のひとつひとつは、どれも取り立てて言うほどの問題ではないように見えますが、時間とともにその回数は増えていきます。女性はどんどん不自由になっていきます。

　これらの「日常」の行為とは対照的に、本書に記したさらに「極端なケース」では、相手を虐待的に支配しようとする明らかな兆候が表れていて、読者は「どうしてこんなことに耐えられる人間がいるのか？」と思うでしょう。第4章では、パートナーに支配され被害者となっている女性が関係を続けてしまう、人間関係の力学について説明します。

　本書で紹介する実例はすべて現実に起きたケースをもとに書かれていますが、プライバシー

＊　「彼または彼女は」「彼あるいは彼女の」という言い回しをすべての文章に使うと複雑になりすぎてしまうため、本書の大部分では、男性が女性を支配するという、より一般的な状況を表す代名詞を使っています。

＊＊　LGBTの頭文字は、レズビアン、ゲイ、バイセクシャル、およびトランスジェンダーの人々を意味するものとして使われています。私たちが使う言葉は日々、進化しています。自分がクィア、アセクシャル、パンセクシャルなどに分類されると思う人も第5章に含まれていると考えてください。

保護のため、身元が分かるような詳細は変えてあります。これらの実例は、さまざまな状況のもとでおこなわれた個人的な会話はもちろん、サイコセラピスト（心理療法士）、コミュニティのアクティビスト（活動家）、ワークショップのプレゼンターおよび研究者としての私の仕事経験から引き出されたものです。いくつかの例は、かつてモラハラの被害者だった私自身の経験をもとにしています。

本書は大きく4部に分けられています。第1部（PART1）ではモラハラがどのようにしてカップル間に生じ、被害者にどのような影響をもたらすかについて説明しています。第2部（PART2）では、どうしてパートナーに対してモラハラをする人間がいるのか、その関係から自由になるのがなぜ難しいのかについての説明を試みました。第3部（PART3）ではLGBT、女性から男性へ、そしてティーンエイジャーにおけるモラハラについて。第4部（PART4）はモラハラを終わらせるための戦略とアドバイスについて記しました。

読みやすくするために本書は引用をほとんど明記していません。関連書籍などは、出版社のホームページにリストアップしてあります（http://www.shobunsha.co.jp/?p=4401）。

本書の使い方

この本はあなたの役に立つように好きな方法で使ってください。たとえば、パラパラめくりながら体験談を読んでみる。最初から最後まで一日か二日ですぐに読み終える。あるいは自分に一番関係のありそうな章から始めて毎日数ページずつ読む。メモを取りながら、あるいはページの欄外に自分の感想を書きこみながら読むのもいいでしょう。もしもあなたが現在、モラルハラスメントの関係に陥っているなら、この本やノートを持っていることで相手から罰を与えられないように安全な場所に隠してください。身体的、性的、そして感情的に被害を受けてきた人々にとっては、本書は嫌な記憶を呼び起こす「引き金」になるかもしれません。どうかこの本を読み、あなた自身を大切にしてください。本書に書かれている体験談によって「引き金」が引かれそうだと感じたら、誰かに助けを求めるか、しばらくの間この本を読むのをやめてもよいと思います。

私のこと。そしてこの本を書いた理由について

私はカウンセリング心理学博士号をもち、家族問題を専門に扱っています。過去二五年の間に、児童虐待と女性に対する暴力の分野で、サイコセラピスト、研究者、教授、トレーナー、コンサルタント、およびアクティビストとして働いてきました。仕事の過程では、オハイオ州の教会をはじめ南米チリの貧民街やカリフォルニア州の病院といった場所で専門家やコミュニティの人々と話をしました。マサチューセッツ州の内科医、ペンシルバニア州の警察官、ドイ

ツやテキサス州の軍所属のソーシャルワーカー、ニューヨーク州の消防士、そして米国およびラテンアメリカ地域の心理学者、ソーシャルワーカー、看護師、支援者たちを教育してきました。また、両親、祖父母、ボランティア団体の世話人の方々に対し、地域における心理カウンセリングを提供してきました。私には十代後半から成人を迎える三人の子どもがいます。

私はまた聞き手でもあります。いまではサイコセラピーの仕事はしていませんが、仕事をしていた頃は、男女を問わず、あらゆる事情や生い立ちをもつ人々の話を聞いてきました。私は光栄にも全米そして世界中の人々に調査をおこない、彼らとネットワークを作ることができました。特に英語、スペイン語、ポルトガル語圏の人々です。難民の方々のためにも仕事をしました。私が執筆した書籍、記事、論文などは、広く引用されています。

しかし、モラルハラスメントについての私の最も大きなレッスンは、非常に個人的な体験にありました。二五年の結婚生活が終わりを告げたあとに交際した相手との関係は、時間の経過とともに相手による支配がエスカレートしていくものでした。その悲惨な数年間から、私は他人の気まぐれに服従することが一体どういうことなのかを知りました。交際中、そして交際が終わったあともストーカー行為を受けることの恐ろしさを直接に経験しました。高い教育を受け、女性に対する暴力への知識、安定した仕事、友人や家族との強いネットワークをもっていたにもかかわらず、私は完全に罠にはまっていました。私の場合は、こういった関係に陥った人々が生き延び、その関係から安全に抜け出すための手助けをする専門家から直接の支援を受けられたことで、立ち直ることができました。友人や家族は、私が人生や感情のバランスを取り戻す手助けをしてくれました。私は、立ち直るのには長い時間が必要なこと、そして立ち直ることが可能であることを学びました。

エバン・スターク博士（Evan Stark）による二〇〇七年発行の革新的な本『Coercive Control』（コアシブ・コントロール、即ちモラルハラスメント）は、私や、長年の間に私が出会った多くの女性、および少数の男性たちに何が起きたのかを理解するきっかけを与えてくれました。私を閉じ込めていた策略につけられた呼び名を学ぶにつれ、自分が強くなっていくのを感じました。以前は単純に別々の辛い瞬間として捉えていた出来事に、一定のパターンがあることに気づくようになりました。

スターク博士の本は、この分野の研究者たちに向けて書かれたもので、モラルハラスメントへの関心を飛躍的に高めました。この重要なコンセプトをより幅広い読者に届ける手助けをするため、私はこの短い、学術書とはちがう本を執筆しました。本書では、現在、被害に遭っている人々へのアドバイスを述べています。同性カップル、ティーンエイジャー、男性の被害者、そして軍に所属する人々に関する章も設けました。また、モラルハラスメントの究極の状態を表現するために、私は「モラハラの罠」という用語を作り出しました。

私は、人々がモラハラに巻き込まれないようにし、また改善できる関係は改善し、有害で変わりようがないと思える関係を断ち切る手助けになればと思い、本書を書きました。本書はまた、専門家や、支配される関係にある人々の家族や友人も対象としており、彼らがモラルハラスメントの問題を理解し、現在、被害に遭っている人々に手を貸せるようになることを目指しています。いかなる人も、ひとりで苦しんではいけません。

この本は、やがて大人になる少年たちが、お互いに、そして人生のなかで関わる女性たちに、暴力と支配ではなく、思いやりと敬意をもって接することのできる男性として育てられる必要性についても強調しています。パートナーとの関係を保つために、個人の自由と自尊心をあきらめることを強要されてはなりません。思いやりに満ちた協力的な関係を築くために本書を読み進めてください。

C O N T E N T S

PART 2 どうしてモラルハラスメントが起きるのか

PART 3 ＬＧＢＴ、男性、ティーンエイジャーが受けるモラルハラスメント

PART 4

モラルハラスメントを終わらせる

PART 1

モラルハラスメントとは何か?

非難。孤立化。脅迫。時には身体的な虐待までも。これらはモラルハラスメントの攻撃道具であり、親密なパートナーが交際相手に使う手段です。多くの場合、侮辱、孤立化、過干渉、操り行為、ストーカー行為、身体的虐待、性行為の強要、脅迫、あるいは懲罰などの行動がいくつか組み合わされます。お互いを愛情で支えあうはずの関係が、最後には相手を支配するための罠となってしまう。モラハラの被害者は、自由と自尊心と人としての基本的な権利を奪われ、相手に依存するようになり、不安や恐れを感じるようになります。

第1章では、モラルハラスメントについて説明します。第2章では、広範囲におよぶモラハラの攻撃手段と、それが与える影響について説明します。

1 モラルハラスメントとは

二三歳のリリーは、ボーイフレンドのデイヴが彼女の居場所を問いただすようになり、彼女の携帯電話をチェックしているのを見つけた時、彼は「ダメな男」だという結論を出し、すぐに彼と別れました。デイヴは二週間、毎日何回も彼女にショートメールを送り続け、ついには彼女の仕事場の前で、車で待ち伏せをしていたこともありました。しかし、それが最後でした。

三五歳のマンディは、自分が置かれている状況をよくわかっていませんでした。カードや花束を嵐のように贈ってくるトムからの熱烈な求愛の末、マンディは彼と結婚しました。するとと彼は、マンディが一日をどう過ごしたのか細かく聞いてくるようになりました。誰とどれだけの時間、話をしたのかと。母親や姉妹との電話の長さにも文句を言いました。

マンディが髪を短く切って帰宅したとき、初めて本当の喧嘩となり、トムは自分に意見を求めずに髪を切ったと言って彼女をなじりました。彼女はまた髪を伸ばすと約束しました。自分のすることは何ひとつとして彼を喜ばせていないように感じました。時が経つにつれマンディは、愛情を感じられる時間がほとんどなくなり、自分が「何か悪いこと」をしているとトムに咎められないか、常に心配するようになりました。マンディは窮地に追い込まれていました。

リリーとマンディは、単に恋愛に不運だったのではありません。彼女たちはモラルハラスメントの被害者です。モラハラは、被害者から自立と自分がひとりの人間であるという意識を奪います。そして自分で決めるべき時間の使い方、友人関係、自分の身なりをどうするかを選ぶといった人としての基本的な権利を奪います。

モラハラはさまざまな関係に見られますが、本書は最も一般的なケースに焦点を当てています。すなわち、男性が親密な関係にあるパートナーの女性に対しておこなうモラハラです。一方で第5章では、同性愛の関係、および女性が男性を支配する場合の異性間におけるモラハラについて述べています。

モラハラをする男性の多くは、妻やガールフレンドを身体的、あるいは性的に虐待し、時には命に関わるようなひどいケガを負わせることもあります。一方、平手打ち、突きとばし、わし摑み、といったように外からはあまり大ごとのように見えない仕打ちだけにとどまる人もいます。外部からはそれがどの程度の頻度でおこなわれ、長い時間のなかでどれほどの恐怖を引き起こすのかは見えません。暴力はモラハラでよく使われる手段のひとつです。一方で身体的な暴力を抜きにしたモラハラもあります。

モラハラは、時には恋愛や性的な関係以外でも発生します。職場で仕事仲間や上司がモラハラをすることもあります。また、カルト教団などの団体、スポーツチーム、そして軍隊でも、特に基本訓練の際に同様の力学が見受けられます。しかし最も難しいのは、親密な間柄に起きるモラハラです。相手を支配しようとする人間は、二十四時間、彼女にアクセスが可能で、彼女の日常を知っています。また彼は、彼女の密かな希望や恐れなど、彼女が誰にも話していないことを知っている可能性があります。彼女は人に知られたくない経験について彼に話しているかもしれません。彼はそういった秘密を使って彼女を支配し、傷つけようとします。

ほとんどのモラハラは目に見えない

第三者にはカップル間のモラハラの兆候が見えにくいものです。モラハラをする男たちは、多くの場合、別の状況では好印象でさえあります。多くの社会では、男性が女性を支配することはあたりまえで、カップル間に起きることは他人が立ち入るべきではない私的な問題だと考えられています。このため、パートナーから拘束を受けていても、女性はなかなかそれを人に言い出すことができません。

モラハラの被害者は、批判され、侮辱され、常に罰を与えられている。彼女たちは自分が捕虜になったように感じている

モラハラの被害者*は、自分が捕虜になったように感じています。時間が経つにつれ、相手から尋問のような質問を受け、非難され、侮辱されることが日常となっていきます。被害者は絶望し、判断力を失うなか、多くの場合、自分自身を責めるようになります。彼女は何が間違っているのか正確に理解することが難しくなっています。孤立させられ、屈辱を与えられることで、自信を失い、パートナーの視点からの現実を受け入れてしまうようになります。パートナーが彼女の感情を傷つけるようなことをしたり、言ったりするのが、彼の言うように愛情や心配からくるものなのか、それとも彼の残忍さからくるものなのか、決断を下せなくなっています。君の間違った行動が僕の行動の引き金になったんだと繰り返し言われることで、彼女は混乱していきます。同時に、パートナーとの関係を平和に保つために家族や友人から距離を置き、自

* ここで「被害者」という言葉を使っているのは、力関係を強調するためです。たとえば「サバイバー」といった別の言葉を好む読者は自由に置き換えてください。

分が一番大切にしている人々との連絡を減らし、彼らと音信不通になってしまうこともあります。残念ながら被害者は、たいていの場合、時間が経たないとパートナーによる支配と自分の孤立との関連性に気づきません。自信を失うことと関係が閉ざされることが同時に起こることによって、何も考えられなくなってしまうのです。

モラルハラスメントをする男性の罠にかかる女性は、他の女性とまったく同じ人間です。彼女たちはいつもより弱っている時に、運悪くモラルハラスメントをする男性、すなわちモラハラ男とロマンチックな関係に陥ってしまっただけなのです。モラハラ男は、一旦、女性が自分の罠にかかると、関係を長引かせるためならあらゆることをします。

モラハラの被害を受ける人物は、人種、民族、宗教を問いません。彼女たちは大邸宅やトレーラーハウスにも、都会のアパートや郊外、または田舎の家にも住んでいます。モラハラ被害者は、恥ずかしさから、あるいはパートナーの要求によって幸せを装っています。時には第三者が何かがおかしいと感じたとしても、それが何なのか確信がもてません。被害者の女性は、普通ではないほど内気、孤独、従順な感じで、時には神経症のようにさえ見えることもあります。第三者から見て彼女は明らかに支配されているとわかる場合もあれば、支配されていることが完全に隠されている場合もあります。

相手を支配しようとするモラハラ男は、表面的には魅力的であることが多いものです。重大な物事に対するすべての決定権を委ねられている彼は、第三者の目には理想的なパートナーのように映ります。モラハラ男は、献身的に人助けをしているように見えたり、親切でロマンチックで社交的に見えたりする人もいれば、意地悪で自分の所有欲を誇示している人もいます。将来、パートナーにモラハラをするようになる人間かどうかは、簡単には特定できません。

自分の好みの女性に初めて会った時、モラハラ男は彼女を支えたい、助けたいと言います。彼女に贈り物をあげ、よく話を聞き、仕事や家族へのアドバイスをしてきます。日々の雑用を手伝い、彼女を賞賛の目で見つめ、彼女の成功を自分自身の成功のように喜びます。こういった男性と一緒にいると、女性は、最初は彼の面倒見の良さや心遣いから恩恵を受けます。家族や友人からは、「彼に出会えて本当に幸運ね。彼のような人にはこの先絶対出会えないわよ」と彼との関係の好ましい側面について褒めてもらえるでしょう。

しかし彼女は心のどこかで居心地の悪さを感じていて、「彼のアドバイスに従いたくないと思ったらどうなってしまうのかしら」と思っています。彼女は彼がしてくれることを本当にありがたいと思っているので、こういった感情を打ち消してしまいがちです。波風を立てることを避けるのです。モラハラ男は、歯向かわずただ自分に「従え」ばいいというメッセージを送ってきます。

付き合い始めた当初、男性がロマンチックで魅力的で、協力的にふるまっていた場合、女性はこの親切な男性が彼の「本当の」姿だと思ってしまいます。このため、彼の態度が支配的になっていったとしても、もしも自分が彼の言う通りに物事をきちんとやっていれば、彼は再び親切な人になってくれると考えます。彼は少しの間は親切な人に戻るかもしれませんが、それは自分の支配を保つために最良の方法だと思えるからそうしているだけです。

時間が経つにつれ、状況はたいてい悪くなっていきます。モラハラ男は、相手の女性の成功を自分との競争として捉えるようになり、あるいは彼女たちの達成を重要視しなくなります。外での活動がどんなものであっても、それは自分の要求や、家事または子どもの世話をおろそかにさせるものだと主張します。やがては、自分以外の人間との連絡や、家族との時間にさえ嫉妬するようになります。人生はいわゆる「ゼロサムゲーム（参加者の損得の和が常にゼロになるゲーム）」となり、そこでは達成、尊敬、友情など、それが何であっても、彼女が得たものはパートナーであるモラハラ男から取り上げられたものとみなされます。モラハラ男は、自分のパートナーが成長すると、自分が課している制約を我慢しなくなるかもしれないと知っています。それで彼女の邪魔をするようになります。彼の協力的な助言は非難に変わります。彼はまるで彼女の人生とキャリアのエキスパート（専門家）のように、自分の方が彼女を理解しているかのようにふるまいます。そして外部との関わりのすべてを彼女の裏切り行為の証とみなすようになります。

モラハラ男は、支配する女性と一緒に住んでいるとは限りません。「デート」をしたり、ストーカー行為をしたり、彼女の仕事や、友人や家族との関係を妨害したりするといった方法で彼女を遠くから支配する場合もあります。モラハラ行為は女性の人生の広範囲にわたっておこなわれるため、単純に彼から「離れる」、あるいは彼と別れるだけでは問題は終わりません。関係が終わったあともモラハラ男の虐待は続き、エスカレートすることさえあります。

モラハラ男は、パートナーの成長を邪魔するために数多くの手段を使います。彼女の人生に必要な人々や、お金や仕事、移動の自由といった資産へのアクセスを遮ります。彼女の勉強の邪魔をし、仕事の昇進のチャンスを逃すように仕向け、あるいは仕事を続けられないようにします。彼女の友人関係や家族との絆を切らせようとし、交通手段の利用を阻み、新しいスキルを身につけることを妨害して現状に不満が溜まるように仕向けます。モラルハラスメントがどのようにして女性の向上心を失わせるのか、次の短い三つの例をみてみましょう。

ジョスリンは一番下の子どもが小学校に入学した時、大学で講座を取りたいと思っていました。夫のジェイは、それがふたりの結婚当初からの計画であったにもかかわらず、彼女の希望に耳を傾けようとしませんでした。彼は、学校で子どもが病気になった時、君はすぐに動けるようにしていなくてはと言いました。彼があまりに強く言うので、彼女は自分の計画を諦めてしまいました。

クリスティンは自分がお酒を飲み過ぎだと考え、アルコールを断ちたいと思っていました。彼女は夫のレイに、夕食時にビールを飲むのをやめるつもりだと言いました。レイは激怒し、君は俺を支配しようとしているとクリスティンを非難しました。彼女がお酒を飲まなかった最初の晩、レイは夕食の間、一言も口をききませんでした。君は自分の方が上であるかのようにふるまっていると彼女を責め、「ひとりで飲む」のは嫌だと言いました。彼は「妥協案」を提示しました。それは、彼女は夕食時に彼と一緒に酒を飲む。しかし彼女が飲みすぎたら彼が止めるというものでした。クリスティンは彼の提案に折れて一緒にお酒を飲みました。簡単なことに思えたからです。こうしてレイは、クリスティンが目標をあきらめるように仕向け、彼女の頭がいつもアルコールで曇っているようにし、彼女が自分の未来について考える機会を妨害しました。

サミュエルとデートし始めた頃のテリーサは、地元の絵画界では新進気鋭のスターでした。彼も画家でしたが、ウェイターの仕事で生計を立てていました。サミュエルはロマンチックな人間ですが、気分屋でした。一度、腹を立てた時、彼は壁に本を投げつけました。彼に怒鳴られた時、テリーサは恐怖を感じました。数カ月後、サミュエルは自分の画材をテリーサのスタジオに運び込み、彼女の横で仕事をするようになりました。サミュエルは、週末は絵を描かないことにすればお互いのためだけに時間が使えると主張しました。テリーサの絵画活動は、サミュエルが常に傍にいることによって被害を受けていました。

支配されている人間は、潜在能力を存分に開花させることができない

一方が他方を支配する状態のカップルでは、支配されている人間は、潜在能力を存分に開花させることができません。パートナーが彼女の人間的な、そして職業的な成長を邪魔するからです。彼女は身動きできないと感じるのと同時に、男性とは異なる別の個人として「自分がどういう人間であるか」の感覚を失い、彼の世界観を自分のものとして受け入れるようになります。

モラハラの継続

すべての悪質な行動例が当てはまらないにしても、全体として見てモラハラの関係と言える場合もある

モラルハラスメントは、一回の行動で定義することはできません。複数の行動がまとまって発生し、時間を経てそのパターンが悪化していきます。本書はモラルハラスメントの概要を説明し、多くの具体例を提示しています。確かに支配的な男性のすべてが、本書に書かれたすべ

ての最悪な行動をとるわけではありません。たとえば、家族のために料理は作るけれど、強迫的な嫉妬心からガールフレンドの友人関係を制限し、仕事を持つことを禁じる男性。彼女の給料を取り上げ、家計を一セントに至るまで細かく支配しても、彼女の友人との交流は邪魔しない男性。めったに大声はあげないけれど、自分が頼んだことをしないとガールフレンドに暴力をふるう男性。自分の妻を侮辱し、彼女が友人や家族に会えないようにするものの、絶対に彼女に手を上げることはないと言う男性など、さまざまです。モラハラ関係においては、男性の気分や行動や信念が、パートナーの女性の気分や行動や信念を厳しく制限したり、変えさせたりします。これらの悪い行動がどれも当てはまらないモラルハラスメントもあります。すべての悪質な行動例が当てはまらないにしても、全体的に見てモラルハラスメントの関係と言える場合もあります。

一方、「威圧的な」男性のすべてがモラルハラスメントをしているわけではありません。威圧的な態度にも多くの段階があります。しかし、もしも女性が実際に恐怖を感じている、たとえば彼女が彼の要求に応えなければひどい目に遭うと感じているといったことがあるならば、彼女はおそらくモラハラの被害者です。もしも彼女が平和を保ち、争いを避けるために、自分にとって重要なことを言わなかったり、しなかったりするなら、彼女はおそらくモラハラの被害者です。モラハラ男は、友人、家族、仕事、お金、移動の自由といったパートナーの資産を制限するために、脅迫や罰や非難といった手段を使います。

モラハラは連続して発生する

モラハラではない（協力的な）関係	モラハラ関係	モラハラの罠
お互いを支え、ふたりで物事を決定する。 言い争いをする時もある。 どちらのパートナーも、相手を怖がらせたり、脅したり、相手に罰を与えたりしない。 カップルはお互いに利益が得られる方法で関係や自由のバランスをとる。	男性が女性パートナーを支配するためにさまざまな手段を用いる。 彼女は争いと罰を避けるために、自分の欲求、計画、意見のいくつかを捨ててしまう。 彼女は密かに抵抗をしているかもしれないが、ますます孤立していく。 彼女には身体的あるいは心理的な症状が表われているかもしれない。	被害者からさらに家族、お金、仕事などの資産を奪うことによって、モラハラの手段がエスカレートする。 被害者は身動きが取れないと感じ、孤立させられ、恐れを感じ、日常的に脅されている。 彼女は独立した人間としての自己意識を失っているかもしれない。

誰かに支配されていませんか？

- 脅されていると感じますか？
- はっきりと意見を言うのが怖いですか？
- あなたのパートナーはいつも嫉妬心や独占欲が強いですか？
- あなたのパートナーは家族や友人への連絡を制限してきますか？
- パートナーの否定的な反応を引き起こさないために努力をしていますか？
- パートナーがあなたにすること、あるいはあなたにさせることを恥ずかしいと感じていますか？

これらの質問の答えにひとつ以上「はい」があれば、読み進めてください。

本書では通例として、支配する側のパートナーを描写するのに男性代名詞を、被害に遭っている人に女性代名詞を使っています。なぜならそれが最も一般的なモラルハラスメントの関係だからです。しかし、本書がすべての男性を非難しているとは決して思わないでください。ほとんどの男性は本書に書かれているような方法で女性を支配したりしていません。多くの男性は自分のパートナーを尊重し、彼女たちの興味や仕事を支援しています。パートナーと暮らす男性は、ますます家事と子育てを分担するようになっています。

男性たちもまた、女性に対する暴力と戦う運動に参加するようになってきました。反暴力組織に参加し、活動している人もいます。女性たちと肩を並べて「テイク・バック・ザ・ナイト（性的虐待やDVなどの撲滅運動）」のデモ行進に参加し、学校や職場やコミュニティで開かれる集会で発言をしています。公の活動に参加しなくても、友人や近所の人々や同僚はもとより、自分の知らない男性に対しても、「モラハラをやめる」ように言い、女性に対して横暴で思いやりのない態度をとらないようにと話をしている男性もいます。

読者のなかには、本書で使われている「支配」「虐待」「被害者」といった言葉を嫌う人もいるかもしれません。「モラルハラスメント」という言葉自体にも居心地の悪さを感じるかもしれません。「パートナー」という単語は、妻や夫、ボーイフレンド、ガールフレンド、婚約者などを表すのには固い言葉ですが、毎回、さまざまな呼び名を書くよりは手軽です。どうか用語でつまずかないでください。状況に共感はしても言い方が気に入らない人は、自分がしっくりくる言葉に自由に置き換えて読んでください。ここで最も重要なのは、ひとりの男性の行動パターンが女性パートナーに恐怖や屈辱を与えている時、結果として彼女は、ただ、衝突のない日々を送るために自分の希望や夢をあきらめてしまっているという事実を認識することです。

同性同士のカップルにモラルハラスメントがある場合でも、本書に書かれたほとんどの内容が当てはまることがわかるでしょう。本書の多くの例が異性愛者（ヘテロセクシャル）のカップルを描いたものであっても、当てはまるはずです。

被害者は自分自身が行動を起こすことによってモラハラから自由になることが可能である。本書はその方法について説明している

さいわい、モラハラの被害者は、人々のサポートを得て自分自身が行動を起こすことによってモラハラから自由になることが可能です。本書はその方法について説明しています。自由になるためのプロセスは、被害者がすでに安全な場所にいて、彼女の人生と自尊心に与えるダメージが制限されるようになった段階から始まります。支援者、セラピスト、警察、医療関係者、宗教指導者、法律関係のコミュニティの人々がモラルハラスメントについて理解し始めるなか、助けを求めている被害者をサポートする体制は整っていくはずです。またこれらの支援者たちは、問題に早急に介入し、モラハラをする男性に対して虐待行為を「直ちにやめ」、パートナーの人間性を尊重させるための指導ができるようになるはずです。

モラハラが起きる背景

個人の間のさまざまな虐待がついに社会問題として認識され、呼び名をつけられ、初めて犯罪としてみなされるようになったのは、それほど遠い昔のことではありません。それらの虐待を排除するためには重要な第一歩でした。たとえば、今日では恋人やセックスパートナーに対する暴力は、「ドメスティック・バイオレンス(DV)」あるいは「親密なパートナーに対する暴力」として特定されています。親密な関係における性的暴行は、「顔見知りによる性的暴行」「デートレイプ」あるいは「夫婦間レイプ」と定義されます。ストーカー行為は、ハリウッドスターがファンに追いかけられる場合だけでなく、知人の間であっても犯罪として認められます。最近ではストーカー規制法において、現在だけでなく過去に親密な付き合いのあったパートナーに対しても規制範囲が拡大されました。何世紀にもわたって女性を迫害してきた学校や職場でのセクハラは、ようやく理解され、名付けられ、「もうたくさんです」と言えるようになりました。二〇一四年には大学構内や軍隊での性的暴行の存在が新たに認識されるようになりました。大学や軍隊では、性的暴行を排除するための規制や仕組みの導入に向けた指導がついに行われるようになりました。これらの虐待行為に対する戦いが進歩していることは周知の事実です。そしていま、ついに親密な間柄における「モラルハラスメント」に光が当てられるようになったのです。

親密なパートナーから虐待を受けた被害者の手助けをしていると、「最悪の部分は暴力ではない」という意見をよく耳にします。自尊心と個人の独立性に対する攻撃は、身体への攻撃と同じだけの傷を負わせます。こういった社会的、そして精神的な暴力が、昨今「モラルハラスメント」という用語でまとめられました。モラルハラスメントは、最も身近で破壊的な虐待のひとつです。モラルハラスメントは、男性による女性パートナーの支配をよしとする伝統的な性に対する考え方に後押しされています。

他人を支配することは、身体的な暴力を含めたすべての虐待的な関係の土台となる

他人を支配することは、身体的な暴力を含めたすべての虐待的な関係の土台となるものです。米国を含めた多くの国において、モラハラ行為のなかには確実に犯罪とみなされるものがあります。それらには身体的および性的暴力、犯罪的な嫌がらせ、誘拐やストーカー行為が含まれます。何回も電話をかけてきたり、職場に現れたりといった行為は、それ自体は犯罪ではありませんが、保護基準や禁止命令に盛り込み、違法とされるべきです。最近では多くの国でパートナーに対する虐待の定義が拡大され、モラハラ行為が含まれるようになりました。たとえば、ヨーロッパ諸国では、モラルハラスメントは「犯罪とみなされる一連の行為」と考えら

れています。これは、たとえ同じ行為を一回したとしても違法ではありませんが、害を及ぼす行為が連続した場合は積み重なって犯罪とみなされることを意味しています。アメリカではまだ、モラルハラスメントは犯罪として規定されていませんが、おそらくこの状態はすぐに変わるでしょう。

移動の自由といった被害者の人権が侵害されているカップルにおいては、モラハラ行為は犯罪としてみなされるべきであり、警察と裁判所の手にゆだねられるべきです。また、不親切や不道徳ではあるけれども犯罪とみなされるまでの一線は越えていないタイプの支配も存在します。犯罪とみなされなくとも、被害者は助けと保護を求めています。孤立は被害者の状況をさらに悪化させます。被害を終わらせるには、心配してくれる友人や家族やソーシャルサービスの助けが必要です。彼らは被害者女性が自分の状況を理解する手助けをし、もしも彼女が望めば、彼との関係を終わらせるための物質的な援助もしてくれます。コミュニティ全体で、モラハラ行為をする男性に対してパートナーの人間性を尊重するようにとプレッシャーを与え、男性が妻やガールフレンドをどのように扱うかについての常識を変えていくことが重要です。

2 支配行動

モラルハラスメントの手口は、それぞれの行動を見れば、単にカップルが理想的な関係ではないだけのように見えるかもしれません。しかし、総合的に見れば、広範囲にわたって支配のパターンが構築されていることがわかります。この章では、モラハラ行為をする男性、即ち、モラハラ男が親密なパートナーを支配し、虐待する際の手段について説明します。その手段とは、相手を孤立させる、細かいことまで管理する、ストーカー行為をするといったことから、身体的および性的虐待、脅し、罰、操り行為、人格否定、蔑み、そして子どもを通じて被害者を支配することなどを含みます。

孤立させる

モラハラ男はパートナーが完全に彼中心の生活をしていないと自分が脅されたと感じる

モラルハラスメントによってパートナーを支配する男性は、パートナーが完全に彼中心の生活をしていないと自分が脅されたと感じます。彼は、彼女の行動はもとより、彼女が達成したいことや、他人との交流までも支配しようとします。権利意識か、不安感か、あるいはその両方からか。動機にかかわらず、モラハラ男は自分のパートナーを彼女の大切な人間関係やお金などの資産から切り離し、彼女を弱らせようとします。彼女は孤立し、彼に依存するようになり、これによって自分自身がしたいことよりもモラハラ男の希望を自分の人生の中心に据えてしまうようになります。

パートナーを支配する男性は、女性が外の世界と連絡をとる際のフィルター的な役割を果たし、彼女の家族や友人、同僚たちからの助けや支援を少しずつ失わせていきます。孤立した女性は、パートナーが彼女に押しつけてくる以外の自身のアイデンティティ意識や、自分自身を表現する手段を失っていきます。何カ月も何年もこのような暮らしを続けることで、彼女は自分が以前、どのように考え、感じていたのか、かつて信じていたことは何だったのか思い出せなくなります。人と有意義な交流をする機会を奪われ、モラハラ男の考え方を押し付けられることで、自分自身の価値や好みがわからなくなってしまいます。そんな生活をしばらく続けると、孤立した女性は自分に表現するべき「自己」があるという意識を失い始めます。モラルハラスメントの関係にいることは、カルト教団にいることと似ています。モラハラ男は彼女が以前の自分を忘れてしまうまで、じわじわと彼女を変貌させていきます。彼はまるでカルト教団のリーダーのように女性を孤立させ、彼女がどのように生きるかを決定し、他人の意見は無視します。

連絡の断絶

モラハラ男は、第三者には自分の冷酷さや支配的な意図を悟られないよう、さまざまな方法を使ってパートナーを孤立させます。彼女のすべてを自分のものにするための彼の努力は、最初は愛情のように感じられます。彼はどれだけ彼女を束縛しても物足りません。僕は彼女を守りたい、彼女に疲れてほしくないと彼は言います。モラハラ男は自分よりも若く、口数の少なそうな女性を選び、彼女の安全のためと言って彼女の自由を制限します。しかし、そうして孤立させられることは彼女に深刻なダメージを与えます。

パートナーを支配しようとする男性は、彼女が自分に頼るように仕向け、彼女は自分のものだと言い、彼女の能力と人的、物的資産を独占し、彼女が助けや支援を求めることを阻止します。自分のガールフレンドや妻を家族や友人たちから遠く離れた家に引っ越しさせます。そこでは彼女は誰も知り合いがおらず、寂しさを感じやすくなります。電話の使用も制限し、すべてのソーシャルメディアやEメールのやりとりを自分と共有するように言い、友人や家族と話をするのは、昼間の仕事時間などの「彼女自身の時間」に済ませるよう要求します。そうすれば夕方や週末は、彼女の関心を自分に集中させることができるからです。

支配男性はまた、彼女がひとりでいられないようにして女性を孤立させます。食料品の買い出しや、洋服のショッピング、友人との集まりなど、以前は彼なしで楽しんでいた活動に自分も参加すると主張します。男性のクラスメートの隣に彼女が座るのが嫌だという理由で、彼女に大学の講座を取るのをやめるように言います。自分が一緒に行かれないところがあれば、自分の母親や別の家族に同行を頼みます。モラハラ男は、自分のパートナーが自分なしに活動に参加してはいけないことの理由として信じがたい説明をします。たとえば、もしも彼女が友人とジョギングに行く習慣があれば、ジョギングをしていると妊娠しにくくなるからやめるべきだと言います。あるいは「君にそんなことはして欲しくない」というだけの理由で、何の説明もなく、彼女が楽しんでいることをやめさせようとします。

家の外で働く女性もモラハラの被害に遭っているが、彼女たちは完全な孤立は防ぐことができている

家の外で働くことは、完全な孤立を防ぐことはできるとしても、モラルハラスメントから彼女を守ることはできません。彼女が仕事をしている時でさえ、モラハラ男は電話をかける、ショートメッセージを送る、あるいは突然現れるといった手段で自分の妻やガールフレンドに接触しようとします。仕事が終わったらすぐに帰宅することを義務づけて、彼女の同僚との社交を妨げます。ここで問題となるのは、モラハラ行為を受けている女性は、外でも家でも、働いている場所に関係なく、自分が他人と関わる場所や方法を自分自身で選べないことです。

女性は家族との絆が深いことが多いものです。それゆえにモラハラ男は自分のパートナーが家族に会うことを禁じます。あるいは家族を訪問する時間を短くしたり、回数を減らしたりするといった方法で妨害します。彼は、いまこそ娘という立場から彼のパートナーという新しい立場への移行の時期だと言って家族と過ごす時間を減らすべきだと主張します。あなたの親戚は良い人間ではない、悪い影響を与える、僕たちの関係に害を及ぼすなどと言ってパートナーを説得しようとします。モラハラ男は彼女の電話を盗み聞きしたり、彼女の家族の前で彼女を侮辱したり、Eメールやソーシャルメディアを盗み見したり、写真や手紙や贈り物をぼろぼろに壊したりもします。女性の家族を脅したり、攻撃したりすることもあります。

パートナーを支配しようとする男性は、社会から支援を受ける機会を彼女から奪おうとします。悪い印象がもたれるような彼女の写真をこっそりと彼女の友人に手渡すこともあります。

彼は、彼女と他の人たちの間に揉め事を起こすために何を言えばいいのかを知っています。それをわざととは思われない方法でやります。彼女の友人を脅したり、怖がらせたり、彼女の友人といちゃついたり、友人を誘惑したりもします。友人の方から誘ってきたと言うこともあるでしょう。以前は信用していた人々をパートナーが拒絶するよう仕向けるために、モラハラ男は膨大なエネルギーを使います。彼のゴールは彼女を孤立させ、さらに自分に依存させることにあります。

ジャックはガールフレンドのケイトリンの友人の家にふたりで遊びに行った時、強い蒸留酒を買っていき、友人たちのグラスに大量に注ぎました。そしてその後、こんな酔っ払いたちとは付き合ってはいけないと彼女に言いました。ジャックはまた、その友人たちにケイトリンが怪訝に思われるようなことをこっそり話し、ケイトリンを遠ざけるように仕向けました。その後、彼はケイトリンに、君の友人たちは裏で君の悪口を言っていたと告げました。

モラハラ行為をする男性は自分への忠誠心を試す状況を作り出すことで、さらに被害者を孤立させます。彼女が彼とふたりきりではなく他の人と時間を過ごすことを選ぶと、すべてが自分をないがしろにする行為だと決めつけます。モラハラ男の「急用」がパートナーの行動を妨げます。たとえば、パートナーが彼女自身のための時間をとろうとした瞬間、急にセックスを要求したり、車で事故を起こしたり、突然、医者に行かねばならなくなったり、あるいは長話をしなくてはならないような状況を作り出します。

モラハラ男はふたりの私生活について他人に話すことは裏切り行為だと主張する

モラハラ男は、「家庭内で起きたことは家庭内にとどめるべきだ」と言い、ふたりの私生活について他人に話すことは裏切り行為だと主張します。これはふたりのプライバシーを守るためには公平そうにも聞こえますが、このような発言によって女性は外部に支援を求めるのが難しくなります。これは彼女を孤立させるための作戦の一部なのです。

仕事とお金へのアクセスを断つ

支配的な男性は、妻やガールフレンドに「病気で仕事を休む」と頻繁に職場に電話をかけさせたり、職場で彼女を困らせたりすることで、彼女が仕事を続けるのを難しく、あるいは続けられないようにします。仕事を辞めさせられてしまうと、彼女の孤立は深まります。生活に必要なものは僕がなんとかするからと彼に言われることで、彼女は仕事を辞め、次の仕事を探さなくなるかもしれません。モラハラ男はまた、自分のために働く仕事をさせようともします。

子どもを作ることを強要し、彼女が望む以上に多くの子どもを産めと言い、次には子どもたちのために彼女は家にいるべきだと言い出します。完璧にやるには何時間もかかるような家事を要求することで、他のことができないようにして彼女を孤立させます。妻やガールフレンドに自分の親戚の介護を強要する者もいます。確かにパートナーと相談の上で、こういった人生の岐路に関わる決断を下す女性はいます。しかしモラルハラスメントの関係においては、これらの決定はパートナーを支配しようとする男性から押し付けられたものであり、次に説明するまた別の手段によって彼女の孤立は複雑なものとなっていきます。

広告代理店に勤める三六歳のメレディスは、体裁を保つ必要のある仕事に就いていました。彼女が仕事に時間を費やすことにジョーはますます嫉妬するようになっていました。「リラックス」が必要だと言っては、時々、彼女のノートパソコンを隠しました。朝、彼女が家を出る直前にセックスを求めることもしょっちゅうで、仕事に遅刻させていました。ある日、非常に大事なプレゼンテーションがあった日の朝、ジョーは機嫌が悪くなり、カップのコーヒーをメレディスに投げつけました。彼女の一番のスーツに染みがつき、彼女は大慌てで着替えなくてはなりませんでした。メレディスはできる限りの対処をしていました。別のスーツを買い、オフィスに置いておきました。プレゼンテーション用の書類は自分宛にメールで送り、ジョーからの邪魔が続いても仕事が滞ることのないようにしていました。メレディスの同僚たちは、誰も彼女の状況に気づきませんでした。わずかな人たちが、彼女が以前よりもストレスを感じ、気が散りやすくなっていることに気づいただけでした。

パートナーを虐待する男性は、彼女の財政状態をコントロールする、または生活に必要な最低限の支払いを拒む、あるいは脅しや詐欺、暴力によって彼女からお金を取り上げ、そうでなければ実際にお金を盗むという行為で彼女を孤立させようとします。モラハラ男はまた、家賃、食費、光熱費を含む共通の出費のすべてを彼女に支払わせます。妻にクレジットカードを持たせず、あるいはすべてのクレジットカードを共有させ、彼女のクレジットカードの信用状況をわざと台無しにする者もいます。自分は多額の出費をしながら、彼女には些細な経費にも、その理由を求めます。彼女の給料のすべてをふたりの共通口座に入金するよう要求し、そこから彼女には少しのお金しか渡しません。家賃や光熱費は女性の名義で契約されていることが多く、彼は自分が支払いを担当すると言うものの、実際にはお金を出しません。彼の出費によって家計がマイナスになると、家計のバランスを取るのは彼女の責任となり、彼女は家庭用品や自分自身または子どものための支出を控えるようになります。

時には女性がモラハラ男の学費や車、仕事用品の支払いをすることもあります。彼はお金は絶対に返すと言いますが、返すことはありません。彼女が自分から離れていきそうだと感じた時、あるいは離れてしまった後でも、彼女を一文無しにし、クレジットカードなどの個人信用情報の評価を低くさせておくことで女性に別れを思いとどまらせる、あるいは自分の元に戻って来させようとします。お金がなければ女性の孤立は悪化します。

また時には支配的な男性がパートナーに金銭を与えたり、彼女が自分では絶対に賄えない豪華なライフスタイルを提供したりすることがあります。その富から受けている恩恵に対しては、彼のすべての要求に応えるという代償を支払わなければなりません。もしも彼女が逃げようとすれば、君は僕に多額の借金があると言って彼女に請求書を提示してきます。

彼女の評判と人間関係を台無しにする

モラハラ男のなかには女性の評判を台無しにする、あるいはそうすると脅すことで彼女を孤立させ、支配しようとする者もいます。たとえば高校生の少年は、自分の要求を受け入れない少女に対して、性的な噂を広めると言って脅します。脅された少女は、現在のパートナーと以前のパートナーのどちらが悪い噂を流しているのかもわからないまま、社会的な活動から身を引いてしまいます。被害を与えるのに彼女に関する彼の話は本当である必要はありません。

デートを始めたばかりの頃に支配的な男性が女性の個人的な事柄について知りたがるのはめずらしいことではありません。最初は愛情のように感じられるでしょう。しかし時間が経つにつれ彼女は、自分を支配するために彼がその知識を利用できることに気づきます。

支配的なモラハラ男は、ほとんど日常的に嫉妬心をむき出しにして、パートナーがありふれた集まりへ行くことや、他人と普通につきあうことを妨害します。彼は、君は友人や同僚と浮気をしている、性的な関係をもっていると言って彼女を責め立てます。そうでなければ、「言いよっている」男がいるのに君は鈍感だから気づいていないだけだ、などと言い出します。多くの女性が、パートナーの嫉妬心を焚付けないために、服装やメイクを含め、自分の言動に非常に気を使っていると言っています。

矛盾しているように聞こえるかもしれませんが、自分のガールフレンドに、他人に対してわざとセクシーなふるまいをさせる男性もいます。彼女を性的に所有しているのが自分だという感覚があるのか、「自分の」女が他の男を興奮させているのを見ることで性的な興奮を感じるのか。あるいは密かに同性愛的な趣味があり、自分がパートナーの立場になったらと想像しながら、他の男性が興奮している様子を見るのを楽しんでいるのか。彼女が他人と接する際の態度について主導権を握っている限りは、嫉妬を感じないでいられると信じているのかもしれません。

ボビーは一緒に出かける際、それが家族の行事であっても、ガールフレンドのマーセイダに体にぴったりとした丈の短いTシャツを着させます。人前では、その部屋で一番魅力的な男は誰かと彼女に聞き、彼らを誘惑するように言います。業者が家にやってくる時は下着姿でドアを開けさせます。ボビーの「ゲーム」をプレーすることをマーセイダが断ると、彼は彼女を叱り、一方で彼女がそのプレーを楽しんでいるように見えれば、彼女を非難します。マーセイダはボビーに要求された行動をしている自分が恥ずかしく、人前に出たくないといつも思っています。

モラハラ男は嫉妬の感情からか、あるいは普通の付き合いを性的なものに変えさせるためか、パートナーにわざとセクシーなふるまいをさせることによって彼女の人間関係に歪みや軋《きし》みを生じさせます。

テクノロジーを使って孤立させる

モラハラ男はたいていパートナーの携帯電話を勝手に操作している

「ストーカー行為と監視」(62頁)で説明している通り、モラハラ男はたいていの場合、女性の携帯電話やコンピュータを勝手に操作し、彼女たちのコミュニケーションに介入しています。

カップルの間では、ますます大量のデジタルメッセージや写真が交換されるようになりました。相手を支配しようとする男性は、そのデジタルの履歴を使ってパートナーや以前のパートナーの評判を傷つけようとします。彼は自分の妻やガールフレンドに対して、他人には見せられないようなセクシーな写真を撮るようにとプレッシャーをかけます。彼女の承諾なしに写真やビデオを撮影することもあります。次には、自分の言うことをきかないと、彼女の友人や家族、同僚や上司、彼女のEメールやフェイスブックや電話帳に載っているすべての人々にその写真を送ると言って脅します。いわゆる「リベンジ・ポルノ」と呼ばれるウェブサイトやブログに掲載されている猥褻な写真やビデオは、ほとんどの場合、男性が前のパートナーに復讐するために投稿したものです。

ピーターは一日に最低でも一時間は、妻のエイプリルが嫌がるポルノ写真やビデオなどを観ています。そして彼女に、他の男とのセックスや、スワッピングクラブへの参加や、自分と一緒にスワッピングパーティの開かれているホテルに泊まることなどを強要します。エイプリルも時にはピーターを喜ばせるために一緒にポルノを観たり、スワッピングクラブのメンバーが集まる場所へ行ったりしたこともありましたが、他の男性とセックスをする気にはなれませんでした。エイプリルが家を出てピーターに離婚を切り出した時、ピーターは、家に戻ってこなければ、これまで行ったすべての場所での記録や写真を彼女の上司や母親、子どもたちや他の人々に送ると言いました。

最初、エイプリルは絶望し、恐怖を感じました。次には、自分は彼に大きなダメージを与えるもっと長いリストを作れることに気づきました。逮捕歴、不道徳かつ違法な行為、ポルノを見るために会社のコンピュータを使用していたことなど、ピーターが過去におこなった悪事のリストです。エイプリルはピーターにそのリストを突きつけ、彼の脅迫には金輪際がまんしないと言いました。そして、もしも彼女の評判に傷をつけるようなことをしたら、彼にも同じことをすると伝えました。ピーターは彼女から手を引きました。

虐待的な男性は時に他人を使って、女性に繰り返し卑劣なメッセージを送ることがあります。IT技術を用いて、故意に、敵意をもって繰り返し相手に害を与えたり、嫌がらせをしたりすることは「サイバーハラスメント」と呼ばれ、これは犯罪です。

またモラハラ男は時々、ソーシャルメディア上でその女性になりすますことがありますが、これも犯罪です。これらの行動は女性の評判に傷をつけ、彼女の仕事と社会生活を危険に晒します。

サムは人気のショッピングサイトで、自分の元妻であるサンディの名前でアカウントを開きました。そして彼女の名前で奇妙なコメントや、セックス玩具やポルノ雑誌についての批評を投稿しました。また彼は、サンディのEメールアカウントをハッキングし、彼女のクライアントや同僚、上司などに対して少しだけ不適切なメッセージを送信しました。

これらのメッセージには、他人から遠巻きに見られ、上司に呼び出されてしまうような卑猥な内容が含まれていました。サンディは何が起きているのかを上司に話しました。彼は同情してくれたものの、職場では「こんな問題は抱えたくない」として彼女の契約を打ち切ると言いました。上司はサンディに「物事の整理がついたら」再び履歴書を送るようにと勧めました。

サムのとった行動は個人情報窃盗の一種で、違法行為です。

サイバーハラスメントは犯罪行為であり、他にも様々な形があります。テキスト・ボミングと呼ばれる技術を使うと、一台のコンピュータから女性の携帯電話に何百回も同じメッセージを送信することができます。あるいは同じメッセージを何百、何千もの人々に送ることができます。州によって法律は異なりますが、もしもメッセージが恐怖を感じさせるものであれば、それはより深刻な犯罪である「**サイバーストーキング**」となります（サイバーストーキングについては、62頁の「ストーカー行為と監視」で詳しく説明しています）。

移民女性を孤立させる*

パートナーの男性が移民であれ、その国の人間であれ、移民女性たちが特別な形の孤独に直面するのはめずらしいことではありません。おそらく彼女たちは言葉がわからず、周囲の人々とはちがう習慣をもち、外見的にも異なっているでしょう。彼女たちが、男性が支配し女性の従属があたりまえとされ、離婚が認められず、夫に従わない女性は排斥されるといった伝統的な文化背景をもつ場合は、特に攻撃を受けやすいと言えます。彼女たちの出身国に虐待された女性に対するカウンセリングやサービスが存在しない場合、新しい土地でそういったサービスを利用することは考えにくいでしょう。

モラハラ男は女性を怖がらせて家に閉じ込めるために、新しい国での危険を大げさに言います。ある米国人の専門職の男性は、日本人移民の妻と子どもを郊外に引っ越しさせ、君はあまりにぼんやりしているから運転はできないと彼女に言いました。どこへ行くにも彼に頼らねばならない彼女は、英語を学ぶ機会も友人を作る機会もまったくありませんでした。ロンドンでは、カリブ海出身の男性がロンドンの厳しい冬にふさわしい服を妻に買ってあげませんでした。このため、サンダルと木綿の服しかもっていない彼女は、何カ月もの間、ほとんど家から出られませんでした。

滞在国からの正式な移民書類をもたない女性は、特に虐待行為に弱いと言えます。モラハラ男は妻の法的な書類を取り上げ、彼女たちが合法移民になる手助けをせず、自分の意見を言お

＊ 米国においては、ドメスティック・バイオレンス（ＤＶ）、性的暴行、人身売買、あるいはその他の犯罪の被害者あるいは証人は、市民権取得の助けとなる可能性のあるＵビザ、Ｔビザ、あるいはＶＡＷＡ自己請願プログラムの申請資格があります。これらのビザに関する情報は、オンラインあるいは暴力被害者のためのサポート機関で得ることができます。

うとすれば国外追放になると言って彼女たちを脅します。女性を支配しようとする男性が市民権取得資格に関してパートナーに嘘をつくのはよくあることです。

軍人家庭にみられる特別な孤立

軍人の扶養家族が経験する孤立は、さまざまな点で移民女性と似通っています。軍人の家庭は定期的に赴任地が変わることになっており、引越し先には最初は誰も知り合いがいません。基地や赴任地への移動サイクルは家庭ごとに異なります。ひとつの家庭が引っ越してきた時、近所の住人が六カ月後には転勤を控えているというのはよくある話です。扶養家族はたいていの場合女性となりますが、近所の人と友だちになっても、その人は短期間で引っ越してしまい、彼女は再び周囲の助けがない状態になります。

頻繁な引っ越しは、軍人家庭の子どもたちの友情や学校教育にストレスを与えます。子どもの人生において家庭は数少ない安定の場であることから、軍人の妻や母親は、モラハラ男から離れることよりも家庭の調和を保つことを選びがちです。これは大きな個人的犠牲の上に成り立つものです。

米軍は世界中に家族を送り込んでいます。士官たちは通常三年から四年で移動します。下士官となると移動はさらに頻繁になります。配属先へ出かけている間、軍人は長期にわたって家族と離れて生活します。軍組織の外にいる友人たちは、このライフスタイルが理解できず、また、時差があるため、連絡が取りにくくなります。

軍人が臨時の任務を受けて家を離れると、妻は彼からの助けなしに行動することを学びます。彼がいなくなる前の彼女の役割が何であれ、彼女は日々の家庭内の責任を自分自身で果たさねばなりません。子どもがいれば、子どもたちの世話や学校やしつけに関する決断をひとりでします。彼女と子どもたちはそれがあたりまえになっていきます。彼女は疲れきっているかもしれませんが、自分ひとりで家庭生活をこなしていくうちに自信をつけていきます。

任務を終えた軍人の父親が戻ってきた時には、家族は変わってしまっています。子どもたちは彼ではなく母親にアドバイスを求めることを覚えました。妻は自分自身で決断を下し、その決断に自信をもつことを学びました。家族はまるで彼がいなくてもうまくいっているかのようです。彼は不安になり、自分がもはや以前ほどには必要とされていないと言って怒り出すようになります。その埋め合わせとして、新しい力をもつ妻を無視したり、彼女に罰を与えたりします。威圧的な態度をとって、誰が「家の主人なのか」を家族にわからせようとします。

軍人は下された命令に従い、命令違反は処罰の対象となるという状況に慣れています。彼はパートナーや子どもにこのやり方を当てはめようとします。しかし、パートナーも子どもも命令をされるような扱いを受ければ憤慨もします。善悪の感覚が明確な、厳しい階級制度に慣れている人間は、家庭生活の複雑なやりとりには苛立ちを覚えるでしょう。軍隊での訓練によって傲慢になり、自分自身の行動について考えたり、他者に対して共感を示したりする能力を失ってしまった男性もいるでしょう。

軍人の妻と子どもは、模範的な行動をし、軍人である夫を支えることで祖国を支えることが期待されています。基地内や周囲のコミュニティ全体が兵士たちを中心に動き、彼らを英雄として見ています。夫婦関係の問題に対して妻は自分を責める方が簡単です。彼は勇気と忠誠を国と仲間の兵士たちに示してきた人物です。その彼が間違いを犯すはずはありません。彼女もまた、「強くなりなさい！　あなたは軍人の妻なのだから」といった言葉を頻繁に聞いてきたことでしょう。この状況において「強くなる」こととは、自分の夫と国を支えるため、人生で起きる困難に耐えることを意味します。

軍人の扶養家族の女性は、夫から支配や虐待を受けても、彼の評判やキャリアに傷をつけるのを恐れて他の軍人家族に相談することを躊躇します。軍人の家族はカウンセリングなどのサービスがあっても受けようとしない傾向があります。軍人である夫のキャリアに傷がつくことで、収入、住居特典、退職時の恩恵が危険に晒されるのを恐れているのです。軍人の夫に支配され虐待されている妻の多くが、完全に孤独だと感じています。コミュニティや軍の外でのカウンセリングやドメスティック・バイオレンス（ＤＶ）に関する人的、社会的な助けが、彼女たちにとって重要な救済源となるでしょう。

モラハラの罠

極度に孤立し、支配されている女性は「モラハラの罠」の被害者かもしれない

極度の孤立と、本書で説明しているいくつかの攻撃手段のいくつかが組み合わさったとき、その女性は「モラハラの罠」の被害者です。モラハラの罠の被害者は目の前の状況を生き延びることで精一杯です。彼女は、どうしたら上手な立ち居ふるまいができるのか、彼をもっと喜ばせることができるのかと考え、彼を満足させ、彼から罰を受けないようにするための努力を続けることで消耗しています。彼女は絶望し、頭が混乱しています。モラハラ男は、夜中に繰り返し起こす、食事や医者にかかることを制限する、望まない妊娠を何度もさせようとする、殴ったり性的暴行を加えたりするなどの方法で、故意にパートナーの身体を衰弱させていきます。

カーラは家から出かける「特権を獲得」するためには、夫が望む、嫌悪感や苦痛を伴う性行為を受け入れなくてはなりませんでした。

マーラの夫は毎朝、君を守るためだと言いながら、ふたりが暮らすアパートに鍵をかけて彼女を閉じ込め、夕方に自分が仕事から戻るまで鍵を開けませんでした。彼女が「良い

子」にしていたと感じた時は、報酬として彼女を日用品の買い出しに連れて行きました。

ギータの夫は彼女をひとりで出かけさせません。彼女が医者に行くときも、病院のスタッフにこれは自分たちの「文化」だと説明して、自分も同席すると主張します。

何年もの間、ハッティのボーイフレンドは彼女の健康と自尊心を傷つけてきました。彼女はいまでは自分の姿を人に見られることを嫌い、鏡の前に立って自分を見ることすらほとんどできなくなっていました。

モラハラの罠には、誘拐や監禁などの犯罪が含まれる場合もあります。虐待者の行動は予測がつかないだけに彼女をおびえさせます。モラハラの罠にはまった女性は絶望し、自暴自棄になっています。自分自身が崩壊してしまうのを防ぐため、時には彼に反撃し、襲いかかることもあります。

孤立に抵抗する

モラハラによって孤立した女性は、外部と安全につながる方法を探している

友人に会うことを含め、人間は自分自身の人生について決める権利を簡単にはあきらめません。モラルハラスメントによって孤立した女性は、外部と安全につながる方法を探していきます。友人や彼女は教会や美容院、スーパーマーケットや子どもの学校で人と話をしようとします。友人や家族を定期的に訪れたり、彼らに電話をする機会を作ったり、スポーツジムやブッククラブ、学校のＰＴＡ活動などに参加しようとします。あるいは、インターネット上で友人を探したり、仕事を始めたり、学校に戻って勉強をしようとしたり。自分自身や子どもにかかる費用としてどこかに現金を隠している人もいるでしょう。モラハラ男は彼女のそうした行動を禁じます。自分の行動するのを難しくさせたり、不可能にさせたりして、彼女の努力を阻止しようとします。自分のパートナーが他人とどのようにつながっているかを知るためには、彼はどんなことでもやり、彼女があきらめるまでしつこく文句を言い続けます。モラハラ行為を受けている女性は、時が経つにつれ、他人と有意義な交流をしようとするとパートナーに邪魔されることがわかってきます。それでも他人とつながることは、彼女がこの先、長きにわたって幸せでいるための鍵となります（１５９頁「支配されるなかでの毎日の抵抗」を見てください）。

日常生活を詳細に管理し、ルールを決める

モラハラ男はルールを決め、パートナーの日常生活を詳細に管理することで自分の力を主張する

モラハラ男はルールを決め、妻やガールフレンドの日常生活を詳細に管理することで自分が支配者であることを強く主張します。彼女の食事や行動も制限します。痩身に効果がある、もっと従順になる、セックスに興味をもつようになると彼が信じる薬を飲ませようとすることもあります。モラハラ男は自分のパートナーがどんなふうに感情を表現するのか、テレビでどの番組を観るのか、インターネットのどのサイトを閲覧するのかを決めようとします。毎日、彼女が着る服や、衛生面やエクササイズや美容に関する習慣も彼が決めます。それぞれの要求には「もしも自分の言うことを聞かなかったら罰を与えてやる」という意図をほのめかします。女性は、真正面から反対すると気まずいばかりか危険なぶつかり合いになると思い、彼のルールに従ってしまいます。これらのルールに従っていれば、短期的には衝突を減らすことができますが、長期的には被害者の孤立をより深めてしまいます。

モラハラ男は典型的な女性の役割とされる分野にも支配を及ぼします。たとえば家事や食事

の支度、身なり、子どもの世話やセックスについて複雑な要求をしてきます。直前に連絡をしてきて、いまから友人や同僚が家に来るから食事を出してもてなすようにと言われることもあるでしょう。スパイスや缶詰はアルファベット順に並べる、タオルを決められた方法でたたむ、ソックスや下着にはアイロンをかける、家事は決まったスケジュール通りにやるといったルールを決め、彼女が病気の時ですらそのルールに従うことを要求します。この極端な要求は、単に男性の頭が固く、好き嫌いが激しいといったこととはちがいます。モラハラ男の言葉は、パートナーの好みや幸せにまったく関係なく彼女が満たさねばならない要求となります。その要求を満たさなければ罰が待っているのです。

厳格なルールによってパートナーは間違いを恐れながら生活する

モラハラ男は、パートナーの女性が間違いを恐れながら生活しなくてはならないようなルールを作ります。そのルールはあまりにも漠然としていて、すべてに従うのは困難です。たとえば「自分を絶対に怒らせるな」「常に俺の好きな食事を出せ」「いちいち言われなくても俺が望んでいることを理解しろ」といった具合です。ルールは互いに相反するものもあり、ひとつのルールに従っても、同時に別のルールを犯すことになるので、結局は罰を受けることになると女性はわかっています。ルールはどんどん細かくなっていくので、間違いは避けようがありません。要求に応えられなかった、ルールを守れなかった理由を女性が説明すると、口答えをするな、言い訳をするなと言われてしまいます。パートナーはルールをすぐに変え、彼女を常に不安定にさせます。

時にはカップルの両方にあてはまるように見えるルールもありますが、実際はモラハラ男の利益だけを満たすものです。

ふたりが結婚した時、ヘクターは「ぼくらは常にお互いを最優先する」と誓うことを提案しました。そうしてヘクターはアシュリーが自分自身のためのことをしようとする度にこのルールを引き合いに出しました。アシュリーがヘクターの行動は利己的だと指摘すると、彼は彼女の意見を無視しました。

「求められれば必ずセックスに応じる」というルール

モラハラ関係では、「求められれば必ずセックスに応じること」というルールがよく見られます。モラハラ男はパートナーの女性に、彼が望めばいつでも、どこでも、彼の好きなやり方でセックスに応じるべきだと言ってきます。この要求は「俺は毎日、お前がどう思おうと、お前とセックスをするつもりだから、協力するんだぞ」というように、あからさまに言われることもあります。あるいは一度、力づくで彼女をレイプして、彼女には「拒否」という選択肢がないことをわからせようとします。女性はセックスを「拒否」すると、何時間、あるいは何日も続く戦いが始まるのがわかっているので、それに見合う価値はないと考え、相手の要求を受け入れてしまいます。彼女は彼を喜ばせ、彼の心を落ち着かせ、時には彼が眠りに落ちやすくするためにセックスを使うことを学びます。そうしていれば、後でひとりにさせてもらえるからです。

ふたりがデートをしていた六カ月間、バイオレットは二週間おきに、彼女の子どもの父親である前の夫が子どもたちの面倒をみる間、ランスと一緒に週末を過ごしていました。少なくとも一日に一回はセックスをしました。バイオレットは二年前に離婚してからボーイフレンドがいなかったので、ランスとの肉体的なつながりに喜びを感じ、彼に喜んでもらえることを楽しんでいました。

ランスはバイオレットが五歳の娘と六歳の息子と暮らす小さなアパートに引っ越してくると言い張りました。ランスは毎晩セックスを要求し、毎回、彼女がオーガズムに達するまでセックスすると言いました。彼女はオーガズムを感じているふりをするようになりました。隣の部屋に子どもたちがいるため、心からリラックスするのが難しいことに彼女は気づきました。ある夜、バイオレットがセックスを拒否した時、ランスはただ、ため息をつき、背中を向けると一言「わかったよ」と言いました。しかし翌日、ランスはどうして自分とのセックスに興味を失ったのかと彼女を問い詰め始めました。その晩、ランスのセックスはいつもより乱暴で、彼女の腕には痣が残りました。バイオレットはランスのセックスの要求に付き合っていく方が、拒否するよりも安全で簡単だということをすぐに理解しました。

セックスの強要については「セックスを通じての人格否定」(97頁)を見てください。

ストーカー行為と監視

ストーカー行為は、ある特定の人間が対象となる相手を怖がらせるためにおこなう一連の行動である。付き合っている間にも、関係が終わったあとにも起きる

一般にストーカー行為と聞くと、熱狂的なファンが映画スターを追いかけるといったことが頭に浮かびますが、ストーカー行為が最も起こりやすいのは親密な人間関係においてです。そしてほとんどの場合、ストーカー行為は関係が終わったあとも続き、あるいは悪化することさえあります(286頁「ストーカー行為をされたら」を見てください)。

パートナーを支配する男性は、一般に妻やガールフレンドの居場所、コンピュータ、ソーシャルネットワーク、手紙、日記、電話などを監視しています。携帯電話や財布、ポケットの中、クローゼットや引き出し、車も調べられている可能性があります。また、彼女の時間やお金の使い方も監視しています。定期的に彼女に電話をかけさせ、携帯のメッセージや写真なども送らせて、自分に「チェックさせる」ことを義務づけます。十五分おきに彼女が何をしているかを書かせたり、あるいは一時間ごとに彼女がしなければならないことを決めたりしている場合もあります。カップル間でのストーカー行為の被害者のなかには、トイレのドアを使用中に閉めさせてもらえない人もいます。

一日中、家にいなくてはならないと感じている女性もいるでしょう。時々、急に夫が電話をかけてきたり、家に立ち寄ったりするのを知っていて、その時家にいないと彼の機嫌が悪くなるからです。モラハラ男は一日に何回も妻やガールフレンドの携帯にメッセージを送り、電話をしてきます。彼女たちはそれにすぐに返事をしなくてはなりません。

自分が妻やガールフレンドを四六時中監視していると思わせようとする男もいます。そして今日の技術を使えば、それは実際に可能なのです。

マルタの夫のシドは、彼女の居場所が追跡できるGPS機能（衛星利用測位システム）のあるアプリを彼女のスマートフォンにインストールしました。彼はまた、家にかかってきたすべての電話の番号と通話時間をコンピュータ上で閲覧できるプログラムをセットアップしました。マルタは自分のEメールを彼が読んでいるのではないかと思い、彼を問いただしました。シドは彼女のメールを全部読んでいたと涙ながらに告白しました。彼は気がかりだったメールについて質問し、彼女は説明をして彼を安心させました。彼は二度と彼女のEメールを読んだりしないと約束し、その場で大げさな身振りを添えてスパイウェア・プログラムを削除しました。しかし、これは単なる演技でした。彼は彼女のEメールを読み続けました。実際、彼はキーストローク・ロガーと呼ばれる高度なプログラムをインストールし、彼女のEメールだけでなく、彼女がキーボードで触れたすべてのキーを追跡していました。彼女のパスワードを入手し、Eメールやチャット、そして彼女が投稿したソーシャルメディアの内容をすべて読めるようにしていました。

相手をこれだけ追跡するには、莫大な努力と時間と、時には費用もかかります。自分の妻やガールフレンドの活動の痕跡を追い、インターネット上の足跡を追いかけるのに一日何時間も費やす男性もいます。

モラハラ男はパートナーに毎日の活動記録をつけるように義務づけ、外部との接触があれば、すべてについて彼女を尋問します。彼女はついには家にこもって縛られた人生を生きる方が「楽」だと考えるようになります。モラハラ男に言わせれば、彼女を孤立させるこんな巧妙な支配の手口も、彼の好意によるものということになります。「昼間、君のやっていることすべてを書き出してくれないか。そうすれば君の時間をもっと有効に使う手助けができるから」といった具合です。

こんなふうに監視をされていると、彼女は日常の仕事や人づき合いをリスクのあるものと感じるようになります。被害者はいつも「彼は認めてくれないんじゃないかしら？　誤解されてしまうかしら？　どうやって説明したらいいの？　彼の機嫌を損ねたらどうしよう？」などと考えています。女性のなかには、細かく監視されることによって不安感が高まり、以前は何とも思わなかった状況を恐がるようになる人もいます。

ストーカー行為に等しい監視、特に脅しの要素が含まれるような場合は、その行為は違法です。ストーキングされるというのは、ストーカーと被害者を常に結びつける目に見えない手錠をはめられたような感覚です。

身体的および性的虐待

女性は時々、自分が受けている仕打ちが身体的虐待なのかどうか確信がもてないことがあります。モラハラをする男性は、痣の残らない身体的な威嚇を頻繁におこなっている可能性があります。彼女を部屋の角に追い詰め、髪を摑み、手首を摑み、物を投げたり、絞めることはなくとも両手で首を摑んだりします。彼女は脅されていますが、自分自身が暴力の被害者とは思っていません。痣が残ろうと残るまいと、これらはすべて暴力行為です。

身体的暴力とモラハラの違いは何でしょうか。身体的暴力はモラハラで使われる手段のひとつですが、モラハラと言われるすべての関係に身体的暴力が認められるわけではありません。もしも支配されている女性が身体的に傷つけられれば、特に痣が見える場合など、第三者は彼女を被害者として見るようになります。しかし身体的ではない支配によって受けたダメージの方が、さらに大きいかもしれないのです。

カップル間で起こる暴力は、みな同じというわけではありません。この区別は重要です。時にカップルの争いごとは、身体を使った喧嘩となります。カップルのどちらかが先に手をあげ、通常、女性の方が大きなケガを負います。男性は身体も大きく、暴力を用いた喧嘩の経験があるからです。こういった種類の喧嘩は、「カップル間の喧嘩」と呼ばれます。この暴力は、しばしばアルコールや怒りによって悪化します。この種の喧嘩が大ケガにいたることはめったになく(もちろん事故は起きるものですが)、日常的におこなわれるモラハラとは別のものです。カップル間に見られるこの種の暴力は、時間とともに少なくなっていきます。「カップル間の喧嘩」の言い分を聞く、あるいは証拠を目にした警察やその他の専門家は、ひとりひとり別々に、適切な質問をしなくてはなりません。それが本当にカップル間の喧嘩なのか、あるいはモラハラ

カップル間の身体的暴力３タイプ

カップル間の喧嘩 目的：争いに勝つ	モラハラの伴う暴力 目的：完全な支配	暴力的な抵抗 （モラハラへの抵抗） 目的：自己防衛 あるいは復讐
男性あるいは女性が始める。男性は身体が大きく、争いの経験があり、相手を痛めつけるのに躊躇がないため、女性の方が傷を負うことが多い。	ほとんどの場合、男性から女性パートナーに対しておこなわれる。暴力の程度と頻度はそれぞれ異なる。支配強化のための暴力と脅し。	ほとんどの場合、男性側からの支配と暴力に抵抗する女性がおこなう。

を伴うものなのかを見極める必要があります（322頁「専門家の方々へ」を見てください）。

モラハラ男は相手を支配する手段のひとつとして暴力的になる

二つめのタイプに属するカップルでは、モラハラ行為で女性を支配する男性は、彼女を身体的にも、また、たいていの場合、性的にも虐待します。暴力とモラハラの両方が存在するカップルにおいては、モラハラ男の暴力は主に彼の支配欲に駆り立てられたものです。彼の暴力行為はパートナーの女性の行動を変えさせるためのものです。

カールとダネットが一緒に暮らし始めた最初の年、ダネットは幸せではなく、彼に別れを切り出しました。ダネットはカールの顔色が変わったと言いました。頬を強く叩かれ、彼女は目に傷を負ったのではないかと恐怖を感じました。するとカールは謝り、ダネットにアイスパック（氷枕）をもってきて彼女にキスをしました。この事件以降、彼はコンドームを使わないセックスを強要するようになりました。ダネットはこれに応じました。カールはダネットを前よりも細かく監視するようになり、彼女の行動を制限しました。ふたりは三人の子どもをもうけました。カールは二度とダネットの身体をひどく傷つけることはなかったものの、時々、彼女を乱暴に摑んだり、突き飛ばしたりしました。ダネットは自分が暴力的な関係にいることをわかっていました。暴力による支配と脅しは依然として存在し、ダネットの日常を形作っていました。もしも再び彼から離れようとしたら、カールがさらに暴力的になるのではないかと彼女は恐れています。

モラハラ男のなかには、それほどひどくはない、しかし途切れることのない暴力行為に頼っている人間もいます。彼は、引っ叩く、摑む、引っ張る、突き飛ばすなどの行為をパートナーに繰り返します。朝にはパートナーをベッドから押し出し、午後には彼女の目の前でドアをバタンと閉め、夕食時に彼女が自分の気に入らないことを言えば、彼女を肘で小突き、夜には乱暴にセックスをします。しらふの時に暴力的になる人もいれば、酔っ払ったり薬物でハイになったりした時に行動に出る人もいます。

暴力的なモラルハラスメントに反撃を試みることは「暴力的な抵抗」と呼ばれ、これはカップル間における三つめの身体的暴力です。暴力を伴うモラハラの被害者は、攻撃を受けている途中で引っ掻いたり、噛み付いたり、蹴飛ばしたり、あるいは自己防衛のために武器を取り出したりします。追い詰められたと感じた時には殴り返すこともあるでしょう。モラハラ男の行動に何か変化があり、それによって自分自身や子どもや親が極度の危険に晒されると感じたら、彼女は彼を殺してしまうかもしれません。モラハラの罠にはまっている女性が最終的に虐待者を殺してしまうケースも実際に存在します。

カップル間の身体的暴力は、それと同時に起きている身体的ではない支配の存在を見つけにくくします。警察、裁判所、セラピスト、そして友人、家族、近所の人々でさえ、目に見える痣には気づくかもしれませんが、それ以外の種類の支配には気づきません。もしも警察が介入した場合、法的な起訴は、全体像からではなく、身体的な攻撃に基づいたものに限られがちです。

警察が暴力的な家庭状況を調査する際には、暴力だけでなくモラハラについて理解し、質問することが大切です。家に警察が呼ばれ、男性の頬に引っかき傷があるのを認め、「彼女は気が狂った」と男性が文句を言ったとしたら、カップルのふたりとも（あるいは女性だけ）が逮捕される場合もあります。もしも警官がカップルのひとりひとりに別々に質問をすれば、夫が常に彼女の行動を逐一監視し、彼女をがんじがらめの身にし、彼女が彼を引っかいた時、彼が彼女の首を摑んでいたことがわかるでしょう。

たとえば、夫が寝ている時に彼を銃で撃つなど、もしも女性が支配と虐待から逃れるために暴力的な抵抗をした場合、彼女は銃で撃ったことについて全面的に責任があると判断されます。なぜなら彼を攻撃したまさにその瞬間は、彼女は身体的な脅威に晒されていないからです。彼女の攻撃は、自己防衛の狭い基準には当てはまりません。西洋社会全体において、弁護士や検事などの法定代理人、国会議員、そして支援者たちは、カップル間の暴力に関するこういった不公平な法律の改正に取り組んでいます。あまりにも多くの法律が、継続的な脅し、孤立化、ストーカー行為はもとより、絶え間なく続く狂暴ではない低レベルの暴力によるプレッシャーを見落としています。

身体的ではない形態をとる暴力は、被害者の心だけでなく身体にもダメージを与えます。慢性的な恐怖によって被害者の身体は変化していきます。モラルハラスメントの被害者である女性はしばしば、心臓の不調、頭痛、睡眠障害や摂食障害などの医療的な問題を経験します。それゆえすべてのモラルハラスメントに身体的側面が伴うのは当然のことと言えるでしょう。さらにすべての身体的暴力は、女性の感情と思考能力にも影響を与えます。

身体的な暴力とモラルハラスメントは相乗効果をもたらす関係にあります。身体的暴力は、たとえわずかであってもパートナーを支配しやすくし、侮辱と脅しの効果を増大させます。同様に、罠にはまり孤立していると感じている人々は、身体的な攻撃をより敏感に恐れるようになります。一旦、女性を完全に支配してしまえば、彼は時々、平手打ちをしたり突き飛ばしたりする程度で、さらにひどい身体的暴力をふるわずとも彼女を十分に支配できるようになります。

自分が暴力を受けているかどうかの境界線は、特にセックスの時にはあいまいになります。もしも男性が女性の腕の上に乗りかかったり、乱暴に挿入をして痛みを感じさせたり、彼女が好まない方法でお尻を叩いたりしても、それが暴力といえる行為かどうか彼女にはよくわかりません。もしもそういうことはしないでほしいと頼んでも彼が同じことをするならば、それは暴力です（女性がセックスにおいて従属的あるいは支配的な役割を望んだり楽しんだりしている場合は、話は別です。合意の上というならば彼女は自由に「やめて」と言えるはずで、彼もそんなセックスを続けなければならないと女性に感じさせることなく行為を中断するでしょう）。もしも男性が、女性が嫌がる性行為をしつこく求め、あるいは彼女を酒や麻薬で酔わせて彼女が望まない行為をさせれば、それは彼女を性的に虐待していることになります。セックスの際に苦痛を感じる行為をされた時、女性は暴力行為かどうかわからず許してしまいがちです。彼の行動は情熱だと思い込もうとする人もいるでしょう。このようにして女性はリスクのある衝突を避けて、ふたりの関係が続くようにしてしまうのです（性的暴力と強制については97頁「セックスを通じての人格否定」と60頁「「求められれば必ずセックスに応じる」というルール」で詳しく説明しています）。

健康な関係に脅しや罰は存在しない

モラルハラスメントをする男性は、パートナーを支配するために彼女を脅したり、罰を与えたりします。脅しと罰は健康的なカップルの関係ではありえないことです。脅しには、「これをやれ。さもないと」という暗示が込められており、モラハラ男を怒らせると罰が与えられます。

脅しは時に露骨におこなわれます。モラハラ男は、パートナーや彼女が愛する人々やペットを傷つけたり、殺したりすると脅します。自殺をするふりをしたり、自殺をすると脅したりする人もいます。虐待を受けている人間は、自殺をすると脅されると、彼が極端な暴力をふるう可能性があると感じるようになります。女性を社会的に破滅させると脅す人もいます。彼女を精神病院に入れ、仕事を失わせ、彼女のお金を盗み、あるいは彼女の持ち物を壊すと脅すこともあります。

脅しは多くの場合、言葉ではなく身体的なものです。虐待的な男性は相手を自分の思い通りにするため、あるいは怖がらせるために、握りこぶしで壁を打ち、ドアを叩きつけるように閉め、大きな足音を立てて歩き回り、ペットを蹴飛ばしたりします。女性の手から電話を奪い、彼女の腕から子どもを取り上げるのもまた、明らかな脅しです。これらの行動は、身体に危害を及ぼさなくとも、女性に恐怖感を与えます。
モラハラ男はパートナーを怖がらせるため、他に同乗者がいようといまいと危険な運転をします。彼はまた、郵便物を破り、車のタイヤを切り裂き、家具を壊し、車から必要な部品を外し、窓ガラスを割り、女性の経口避妊薬を捨ててしまいます。日頃、彼女を叩くのに使っているベルトをダイニングテーブルに置いておいたり、自分が彼女の後をつけていることを示す写真を彼女にメッセージで送りつけたり、それが脅しであるとは彼女にしかわからない痕跡を残します。食事が並べられたテーブルをひっくり返し、飲み物をこぼし、食器を割り、部屋から出られないようにすることは、すべて脅迫行為です。次の例は、物を壊すことで妻を脅して自分の元にとどまらせようとした男性の話です。

カップルセラピストから助言を受け、デビーはふたりの関係を考え直すため、エドガーに一時的に出て行ってほしいと頼みました。エドガーはデビーの提案に同意しましたが、セラピストとの面談の帰り道、デビーに「君は後悔するよ」と言いました。翌日、デビーが仕事から戻ると、彼女の家に続く車道にガラスの破片が散乱していました。彼女が幼いふたりの子どもを連れて家に入ると、水道の蛇口が開けっぱなしで、流しと浴槽の栓が閉じられ、部屋中が水浸しになっていました。デビーは自分ひとりではこの惨状に対処できないと感じ、結局、エドガーに電話をかけました。彼はガラスを片付け、損害に対して保険金がおりるように保険会社にどうやって嘘をつくかをデビーに教えました。保険会社に嘘をつくのが犯罪であることはわかっていましたが、これまで家に投資したお金を失いたくなかったので、選択の余地はないとデビーは考えました。彼女がその嘘をつくやいなやエドガーは、「俺が警察に言えば、俺たちはふたりとも刑務所行きだ。俺はかまわない」と言ってデビーを脅しました。おびえた彼女はカップルセラピーに通うのをやめ、その後、何年もエドガーに服従しました。時々、彼女は死にたいとさえ思うようになりました。

男性が医師に処方された精神安定剤を飲むのをやめる、あるいはアルコールやドラッグの治療プログラムに行くのをやめることが自分を脅すための行為だと女性はわかっています。治療をやめることは、「俺はすぐに制御不能になるぞ」という彼からの宣言なのです。

モラハラ男にとって脅しと罰は似たようなものです。彼女が自分を不当に扱ったと感じると、それに相応する罰を与えようとします。このため、たとえばパートナーの電話が長すぎると思えば、彼女の携帯電話を取り上げ、彼女の頬を平手打ちし、あるいは週末の間、彼女を外出禁止にします。彼女が料理を焦がしたら、彼女の手を炎の上にかざそうとします。ものを散らかすと彼女が口うるさく言うと感じたら、わざともっと散らかそうとします。身体的虐待や無視などを罰として使うといったその他の支配の方法についても本書では説明しています(65頁「身体的および性的虐待」、80頁「無言や無視の罰」を見てください)。

銃やその他の武器

モラルハラスメントをする男性のなかには、パートナーを脅す、あるいは罰を与える時に武器を使う人もいます。最も一般的な武器は、当然ながら彼の身体の一部です。それは、手や拳、膝、足。そして性的暴行においては彼の性器となります。虐待者の多くは、たとえばベルトやナイフ、木製の匙、ビール瓶、電話の充電器や金槌など、手近にあるものなら何でも手に取ります。鞭《むち》やカヌーのパドルなど、決まった武器を用意している人もいます。パートナーを車と言葉で脅す場合もあります。「轢き殺してやる」と言って動いている車からパートナーを押し出したり、車道の脇に追い立てたり。また、たとえば女性を車で壁際に追い詰めるなど、車自体を脅しに使う場合もあります。キーっと音を立てて彼女の手前で車を急停止させ、おびえた彼女の表情を見て嘲笑うこともあるでしょう。

家に銃があると誰かが撃たれるリスクが高まる

親しいパートナーを脅したり傷つけたりするための武器は、住んでいる場所と文化的な背景によってある程度変わってきます。田舎に住む人は農具、牛追い棒や毒薬などと同様に猟銃などを手に入れることができます。都会に住む場合は拳銃や飛出しナイフの方が手に入れやすいでしょう。農家では女性を鉈《なた》で脅すことが多いでしょうし、会社の重役はコンピュータの充電器をふりまわすかもしれません。南アジアでは、女性に酸や沸騰している油をふりかけたり、ガソリンをかけて火をつけたりするなどの虐待をする人もいます。

アメリカでは銃が比較的簡単に手に入ることから、銃による脅しがよくみられます。モラハラ男はパートナーや、彼女が大切にしている人々やペットを脅します。あるいは殺意を示すために銃を空に向けて撃つこともあります。明確な脅しには見えないものもありますが、そのメッセージは常に明らかです。

シャーリーンは夫のデイヴィッドが狩猟や護身用に銃を何丁も持っていることを知っていました。彼を本当に怒らせたら、特に彼と別れようとでもしたら、デイヴィッドは間違いなく自分を殺そうとするだろうと彼女は思っていました。デイヴィッドは彼女に暴力はふるいませんでした。しかし、ふたりが言い争いになった時、デイヴィッドはさりげなく親指と人差し指で銃の形を作ることがありました。シャーリーンはデイヴィッドの手のジェスチャーを脅しと感じていました。そのジェスチャーは、常に彼女を黙らせる効果がありました。また彼は、彼女を脅そうとする時は銃の掃除をしていました。

家に銃があるということは、家族の誰かが撃たれるリスクが高まるということです。

操り行為

操り行為は相手に気づかれないように相手を縛っていく

操り行為とは、卑怯なやり方で、あるいは人を騙して、相手の物の考え方や行動を変えさせることを言います。操り行為は相手に気づかれないように相手を縛っていきます。人を操る人間は、他人を犠牲にすることによって自分の満足を得ます。それはすなわち搾取ということです。モラハラ男がパートナーを操る時は、相手にやらせたいことを直接言葉で伝えるのではなく、相手が自らそうしなければならないようにします。彼女に選択の自由は与えられていません。ここでは、嘘や心理操作、相手を無視すること、特別な技能や地位を使うことなど、パートナーを操るための様々な方法を説明します。

嘘をつくこと

嘘をつく、あるいは本当のことの一部しか言わないという行為は、モラルハラスメントの効果を強める手段のひとつです。モラハラ男は自信のなさから嘘をつくことがあります。さまざまな点で実際よりも自分が成功しているように見せるためです。自分の身体能力の高さを自慢する、ギャングとのコネクションや過去の暴力の歴史を語るなど、パートナーを怖がらせるために彼らは嘘をつきます。あるいは飲酒やドラッグ、女遊び、浪費、ギャンブルや喧嘩など、問題のある過去を小さく見せるための嘘をつきます。ある一定のイメージを作り出すために彼らは以前の恋愛関係、幼少時代や仕事について嘘をつきます。支配しようとする意図を隠し、そんなことはないと自分の行動を否定します。彼女の友人や家族との間に仲たがいを起こさせるため、嘘の噂を広めます。

自分の冷たい態度を正当化し、質問に答えるのを拒み、あるいは意味をなさない説明をすることでパートナーを操る男性もいます。モラハラ男は自分自身の行動を被害者のせいだと非難します。たとえば、酒をやめようとしてもやめられない男は、ガールフレンドのせいだと言います。また、子どもに性的虐待をした夫は、それは自分を性的に満足させなかった妻に責任があると言うでしょう。

二重生活を隠すために手の込んだ嘘をつくモラハラ男もいます。

アルドーがパーティで七〇歳の女性サマンサに出会い、彼女を魅了したのは八二歳の時でした。彼女は離婚から三〇年が経っていて、ついに再び恋ができて喜んでいました。自分たちの年齢から時間を無駄にしたくないと思ったふたりは、少し急いで結婚しました。するとアルドーは、彼女の大きな家には住まず、「もっと手軽な」アパートを彼女の資金で購入し、引っ越そうと提案しました。結婚してから三年が経った頃、洗濯をしている時、サマンサはアルドーのズボンのポケットの中に封筒が入っているのを見つけました。それはアルドー宛てのものでしたが、名字が異なり、同じ町の郵便局付に送られていました。インターネットでリサーチしたところ、サマンサは自分の夫にはちがう名字があり、イタリアで別の人生を送っていることがわかりました。五〇年以上、人生を共にしている妻と子どもたち、そして孫もいたのです。彼女はついに、彼の長いイタリア旅行が単に兄弟を訪ねているのではなかったことに気づきました。サマンサは弁護士と警察に相談をし、この生活から脱け出す準備を始めました。アルドーにはずっと二面性があったことから、この先、彼がさらに何をするのかサマンサには想像もつきませんでした。何年も一緒にいたのに自分が彼のことを何も知らないことに彼女は気づきました。彼との関係を終わりにした時、サマンサは老後のための貯金を相当に失ってしまっていました。特に家の資産が減っていました。ふたりが別れたあとサマンサは、アルドーが別の女性を誘惑し、結婚したことを知りました。彼は同じようにその女性を操り、金銭を巻き上げていました。

カップル間の詐欺行為もまた犯罪です。これは親密な関係を利用して女性からお金を取り上げ、また、すべての情報を元に決断をする能力を彼女から奪うというモラルハラスメントの形態のひとつです。

モラハラ被害者の女性もまた、嘘をつくかもしれません。彼女たちはパートナーに言われるがまま、嘘をついてしまいます。たとえば体の調子が悪いから会えないと両親に嘘をつくよう指示された時などです。多くの場合、被害者の女性は身体的および精神的な虐待から自分を守るために嘘をつきます。それはモラハラ男が嘘をつくのとはまったくちがうものです。

無言や無視の罰

無言の罰は女性を幽霊になったかのように感じさせる

虐待的な男性は、普通の反応をしないという手段でもパートナーを支配します。たとえば、パートナーの話を聞くことや、話をすること、返事をすることを長時間にわたって拒否するというものです。これは「無言の罰」と呼ばれます。彼は彼女と話すことを拒み、何時間も、何日も、しまいには何週間も彼女の存在を無視します。無言でいることは罰を与えるのと同じことです。女性は自分が人間以下の存在、まるで幽霊になったかのように感じます。相手を無視することは、コミュニケーションの欠如ではありません。それは力を誇示するためのコミュニケーション手段なのです。

ザレイヴィアは夫のフアンが彼女と話さなくなった理由が何なのか、見当もつきませんでした。ザレイヴィアが最初にフアンの沈黙を経験したのは、ふたりがメキシコでデートをしていた時でした。男性のいとことダンスをしているザレイヴィアが、フアンの目にはあまりにも楽しそうに映ったのです。それでフアンは彼女に声もかけずにダンス会場から出て行ってしまいました。それまでふたりはほとんど毎日電話をかけ合い、頻繁に会っていました。ダンスの日から一週間、フアンはザレイヴィアからの電話を拒否しました。ついにザレイヴィアがフアンの家まで行くと、フアンの両親が、彼女と話をしなさいと言って彼の背中を押しました。ふたりは一緒に散歩にでかけました。ザレイヴィアが涙を流した時も、フアンの態度は冷ややかなものでした。やがてフアンはザレイヴィアに、もしも君がぼくらの関係を「真剣」に思っているなら、他の男とダンスをして欲しくないと言いました。また、「ただのおでかけ」には飽き飽きしていて、セックスをすることで自分に対する忠誠心を証明してほしいと迫りました。ザレイヴィアは処女でしたが、これを承諾しました。彼女はすぐに妊娠しました。

何年もの間、ザレイヴィアはフアンの冷たい沈黙に対処する方法を学んできました。彼が何時間も、何日も、何週間も彼女を無視し続けても、彼の食事を準備し、服を洗濯し、たたみ続けました。沈黙の期間はたいてい夜になってフアンがザレイヴィアを摑み、無愛想にセックスをすることで終わります。翌朝、彼は何もなかったかのようにふるまい、それについて話し合うことはありません。

パートナーから無視されることは、モラルハラスメントによって孤立している女性にとって特に辛い仕打ちです。彼女たちはモラハラ男の承認がなければ、自分が価値のある人間だと思えず、また、身の安全も感じられません。多くの被害者女性が、侮辱や怒号を受ける方が無視されるよりはましだと言っています。怒鳴られているときは少なくとも彼が何を考えているのかわかるので、自分や子どもたちの安全を見定めやすくなります。冷たい沈黙に直面すると、女性は絶望的な無力感に襲われます。

雑用をしない、仕事に行かないといった行動も「やらない」という形の罰です。また、必要な情報を教えないことも、相手を支配する手段のひとつです（77頁「嘘をつくこと」を見てください）。

ウェンディはある日、夫のクロードが何カ月もの間、住宅ローンの支払いをしておらず、ふたりの家が差し押さえられそうになっていることを知ってショックを受けました。クロードは支払いのためのお金をギャンブルに使い、彼女のサインを捏造して不動産担保ローンを組み、お金を引き出していたことを彼女に黙っていました（これは犯罪です）。

ドラッグを家や車に隠し持っているなど、パートナーの女性を危険に晒す違法な活動に関わっているといった重要な情報を彼女に知らせないのも「やらない」という形態のモラルハラスメントです。パートナーに黙って自動車、ボート、バイク、あるいは家などの大きな買い物をしているモラハラ男もいます。

罰を与える手段として、彼女に愛情を示さない男性もいます。

ペギーの夫のカークは結婚してからの二年間、ほとんど毎晩セックスを求めました。そのセックスは愛情からの行動というよりは彼が眠りに落ちるための手段のように見え、ペギーは常に楽しんでいるわけではありませんでした。しかしカークは、何か腹を立てた時は彼女を求めませんでした。代わりに彼は彼女の前で自慰行為をし、彼女が彼に触れようとすると彼女を押しのけました。カークは、ペギーの体に触れず、セックスをしない期間を彼女に対する罰として考えていました。ペギーはカークから身体的に距離を置かれると恐怖を感じました。それが彼の強い怒りのサインであり、何か別の方法で怒りを爆発させる可能性があるとわかっていたからです。

モラハラ男は時々、予告や説明なしに姿を消します。彼はある晩、夕食に現れず、約束の時間に子どもを迎えに行かず、家族を振り回し、心配させ、混乱させます。一日後、一週間後、あるいは一カ月後に再び姿を見せた時は、まるで何事もなかったかのようにふるまい、自分がいなかったことで動揺していた女性を咎めます。また、喧嘩の最中に家から出ていき、どこへ行くかも、いつ帰ってくるかも言わない男性もいます。

もちろん多くのカップルにおいては、一方が望んでも、もう一方は話をしたくない、雑用をしたくない、セックスをしたくないと感じる時はあります。しかしモラルハラスメントのある状況では、話は違ってきます。まず、相手を無視することや、情報を知らせないといった行動が、より極端なものになります。第二に、それが相手を支配するための手段であることです。三つめとして、そして最も重要なことは、その動機がパートナーを脅し、罰するためであることです。

心理操作と『ガス燈』

パートナーに自分の記憶や認識や正気を疑わせようとする虐待者もいます。これは一九四四年に公開された映画『ガス燈』に由来する、「ガスライト（俗語で人に自らの正気を疑わせる行為の意）」と呼ばれる行為です。映画では、夫はわざとガス燈を暗くしたり明るくしたりするなか、妻に対してはそんなことは起きていないと否定します。妻に自分は気が狂ったのではないかと思わせるための策略です。彼はまた、君は人付き合いをするにはあまりにも病んでいると言い、彼女を孤立させます。物を隠し、置き場所を間違えたのは彼女だと信じさせようとします。ガスライトをするモラハラ男は、彼女を混乱させ、彼女はもとより他人に対しても彼女の頭がおかしくなっているように見せることで、自分の支配を強めようとします。

心理操作は、女性が消したガスコンロの火を再び点火するといった小さなトリックから、さらに念の入った操作まで幅広い種類があります。

ジャスティンは妻の鍵と財布を隠し、その後、別の場所に戻します。彼女の薬もどこかへやり、君は薬を飲み過ぎだと彼女に言います。時には彼女の外出中に家具を移動し、携帯電話を隠し、自分がやったのではないと否定します。ジャスティンは、自分の妻は正気でなくなっていると友人に愚痴を言います。ここで重要なのは、ジャスティンが、妻が自分自身の知覚を疑うように仕向けていることです。

モラハラ男は女性の平静さを失わせるためにテクノロジーを使うこともあります。

サンドラのボーイフレンドのグレッグは、彼女が送受信したすべてのEメールが閲覧できるスパイウェアを彼女のコンピュータに密かにインストールしていました。彼女が誰かとEメールで話した時の言い回しをグレッグが使うので、サンドラは不気味に思っていました。ある日サンドラは、グレッグとの「甘くて激しい」生活について姉にメールをしました。何時間か後、グレッグはふたりの「甘くて激しい」生活について話を始め、コメントをしました。この偶然の一致について彼女がグレッグに尋ねると、彼は彼女に両腕をまわし、僕は君のことを本当によくわかっているから君の心が読めるんだよと答えました。彼女はそんなことはあるわけがないと思いましたが、もしかしたら彼は本当に自分の心が読めるのではないかという思いも芽生えました。その時から彼女は、彼の前では自分の考えを「きれいに」するように心がけました。サンドラは友人に、まるでグレッグが「私の脳にコンピュータチップを埋め込んだ」みたいに感じると話しました。サンドラは自分の私的な領域が侵されたと感じましたが、グレッグの「特別の力」が彼女のコンピュータを監視することによって成し遂げられていることには気づきませんでした。

モラルハラスメントをする男性は、他人の前では魅力的で優しく、親切にふるまうことが多いものです。しかしパートナーとふたりきりになると態度が露骨に冷たくなります。この著しい態度の違いは、被害者を混乱させます。彼女は自分の言うことは誰にも信じてもらえないと彼から刷り込まれているので、ふたりきりのときの彼について他人に話すのを躊躇します。彼女は自分自身の判断力を信じられなくなってしまいます。

モラハラ男は、彼女だけが脅しだとわかる言動で、公の場でパートナーを怖がらせることもあります。彼の言葉やふるまいは、他人の目には愛情のように映ります。

シャバンダのボーイフレンドのトレイは、人前で一緒にいる時、「家に帰ったら」という言葉を使います。彼の口調からシャバンダは、家に帰ったら彼が自分を殴るつもりだということがわかります。また彼は、友人や家族と一緒にいる時、彼女を膝の上に座らせます。これは他人には愛情のこもった仕草のように見えます。しかし彼の膝の上に座っている時、周りの人たちには愛情深い男性のように見えている間、トレイはシャバンダをつねり、耳元で侮辱的な言葉を囁きます。彼は自分がいいと思うまでは彼女を膝から降ろしません。心のなかで彼女は激怒し、不幸な気持ちでいます。外からみれば、ふたりはとても愛情深いカップルに見えます。シャバンダはいつも幸せそうにしています。それが自分の義務だと感じているからです。

社会的地位と特別なスキルで相手を操る

自分の立場や専門知識を使ってパートナーを操る人もいます。たとえば、パートナーを支配、あるいは虐待している弁護士は法律の知識があり、またその法律が居住地域でどのように執行されるかを理解しています。彼らは起訴されたり、罰せられたりしないための術を心得ています。

仕事や地位を利用してパートナーを支配する

同様に、ベテラン警察官が仕事を通じて得た能力は、女性を支配し、苦しめるのにはもってこいです。たとえば警察官は、脅迫、尋問、監視などに関する訓練を受け、実務経験もあります。警察官はまた、仲間の警察官との人間関係や武器の入手方法、または法律の知識などの点でも強い立場にいます。パートナーにモラハラをする警察官は、誰かに助けを求めることは無駄だと彼女に言い聞かせます。強い権限や専門家のネットワークを利用して、彼女を黙らせてしまいます。

自分が強い権限をもつ分野は、パートナーの搾取には最適な環境です。男性のなかには、自分が優位に立てそうなガールフレンドを職場内で探し回る人もいます。たとえば離婚弁護士なら、人生の危機に陥っている女性クライアントをターゲットにし、自分が飽きて次の被害者を見つけるまでの間、性的に、そして経済的に彼女を利用します。美術教師なら、君は僕が選んだ女神だと言っては次から次へと女生徒を口説き、彼女たちの信頼と、先生に認めてもらいたいという一途な気持ちを利用して、彼女たちを搾取します。病院の管理職なら、部下の女性たちと連続して「デート」をし、関係が終わると彼女たちの雇用契約を打ち切る理由を探します。また、若い女性のスポンサー兼恋愛パートナーになった音楽プロデューサーやエージェント、スポーツのコーチなどが彼女たちに完全な服従を要求するという話もよく聞きます。犬のトレーナーが自分のクラスでガールフレンドを探し、その女性に対してしつけのテクニックを使うこともあるでしょう。ギャングのボス、軍の指揮官、演劇ディレクター、指導教官、会社の上司たちは、自分の地位を利用して立場が下の女性を支配し、性的に利用することができます。ここで問題なのは、仕事を通じた出会いがあることではなく、一方が他方に対して専門家としての権限を使い、より弱い立場の人間を非常にバランスの悪い交際に導くことにあります。こういった関係では、モラルハラスメントが非常に起こりやすくなります。

精神分析医のフランクは、ソーシャルワーカー志望の学生のジェンナと結婚しました。彼女に出会ったのは自分が監督する医療機関で彼女がインターンをしている時でした。ジェンナはフランクの地位と知識に心を動かされました。フランクはジェンナに自分自身の感情について話をさせました。二人目の子どもが生まれた後、フランクはジェンナに体重を落とさせるため、アンフェタミン錠（覚醒作用のある向精神薬）を処方しました。錠剤はジェンナのダイエットを助け、ふたりの小さな子どもの世話をするためのエネルギーを彼女に与えました。しかしジェンナは薬に依存するようになり、まもなく「高ぶった気持ちを落ち着かせる」ため、夜に睡眠導入剤を飲むようになりました。薬物治療は彼のアイディアでしたが、フランクは薬に依存しているジェンナを嘲り、時々、「薬なしでもやっていけることを証明しなくてはいけない」と言って、数日間薬をとりあげては彼女を苦しませました。彼の本当の意図は、彼女の自分への依存度を高くさせ、精神を不安定にさせることにありました。

ジェンナは日ごとに混乱していき、夜にとれなかった睡眠を補おうとして昼寝をするようになりました。するとフランクは家のことで文句を言い、悪い母親だと言って彼女を非難しました。彼はジェンナに対して、彼女の問題についてレクチャーし、彼女の意見をけなしました。フランクは彼女の「憂うつ」や「不安症」を解決する手助けをすると言いながら、ジェンナの薬の処方量を「調整」しました。フランクは薬の副作用に対するジェンナの不満を無視しました。ジェンナはそれまで心の健康（メンタルヘルス）に関する問題など経験したことはありませんでしたが、時が経つにつれ、自分の頭がおかしくなっているかもしれないと感じるようになりました。彼女は生きていく自信をますます失っていきました。フランクの行動は倫理に反するものです。ジェンナは次第に、夫がいなければ自分は「何の価値もない」と考えるようになりました。

パートナーの外見を「自分の好きにできるもの」と思っている美容整形外科医も少なくありません。彼らはまるで実験のためのキャンバスのように、彼女たちを処置や手術で作り変えます。支配的なタトゥー（刺青）アーティストもまた、似たような行動を取ることで知られています。彼らは自分の罠に落ちた女性に刺青をし、焼印をし、ピアスをします。このように体に印をつけられても、それが大人として同意の上ならば、それは彼女の決断です。しかし、身体を変えさせることは、さらに大きな支配をするための作戦の一部であり、女性の自己嫌悪、臆病さ、自尊心の低さを利用しています。

ラモーナが初めてのタトゥーをしてもらうため、二八歳のタイラーのスタジオに足を踏み入れたのは、まだ一七歳の時でした。六カ月もたたない間に彼女は、皮膚をタトゥーとピアスに覆われ、すべての時間をスタジオで過ごし、電話の応対やスケジュールの調整をするようになっていました。夜はタトゥー用のテーブルの上で寝ていました。彼女は卒業のわずか数カ月前に高校を中退し、タイラーや彼の友人がくれたドラッグも試しました。ラモーナは自分が秘密の魔法の世界に入ったような気がしていました。彼女はタイラーに体を求められるのが好きでした。彼は彼女に性的な行為を始めるようになっていました(毎晩、妻と子のいる家に帰るにもかかわらずです)。タイラーはほとんど毎日、ラモーナの唇や頬、眉毛や乳首にピアスをし、皮膚の下にきめの細かい金属を仕込み、片方の腕が鱗《うろこ》に見えるようにするなど、彼女に「仕事を施して」いました。タイラーはわずかの間に、ラモーナの十代の身体にできることは、ほとんどすべてやってしまいました。

ラモーナはさらなる刺激を求めて、自分の肉体に体を吊るすためのフックを埋め込むのを許しました。タイラーは、吊るされることは生き方の一部であり、自分は彼女の指導者で、「脳を停止させる」ことを学んでいけば君はもっと上手に吊るされるようになっていくよ、と彼女に説明しました。

ラモーナは、家族や友人がひさしぶりに彼女を目にしたとしても、もはやほとんど誰だかわからない姿になっていました。単に外見が変わっただけでなく、彼女はいつも不機嫌で、神経質で意地が悪く、麻薬でハイになっていました。ある日の夕方、店が終わったあと、ラモーナの母親がラモーナの兄弟とともにタトゥースタジオを訪れました。彼らはラモーナを家に戻るよう説得しました。母親は、もしも娘に再び連絡をとったら告訴すると書いたメモをタイラー宛てに残しました。ラモーナは自分に何が起きたのかを理解するため、心理カウンセリングの集中コースを受けなければなりませんでした。タイラーは若くて弱い女性の身体や心の形を変え、彼女を支配するために自分の立場を利用したのです。

多くの職業には、従業員、学生、患者、インターン、あるいはクライアントとの親密な交際を禁じる明確な道徳上のガイドラインが設けられています。しかし多くの場合、これらのガイドラインの遵守は徹底されていません。もともとこの種のガイドラインがない、あるいは不明確な職業もあります。人間関係が続いている場合、セクハラは簡単にモラハラへと転じていきます。支配の有無について調べる場合、支配をしている人間の職業、技能、あるいは地位が、被害者を操るための特別な手段として利用されているかどうかを見ていかなくてはなりません。被害者のなかには助けを求めるのが難しい人もいます。「言った言わない」の状況では、モラハラ男が地位を利用して自分を優位に立たせることができるからです。

モラハラ男がセラピストや弁護士、医者や警察官だった場合、被害者はパートナーと同じ職業の人間に助けを求めるのが難しくなります。別の町の専門家に会うなど、自分のコミュニティの外へ助けを求めることによって、この問題を克服する被害者もいます。あるいは近くのDV相談支援センターに助けを求めることもできます。センターの支援者が、彼女に起きている問題と守秘義務の必要性を理解している専門家を探す手伝いをしてくれます。役に立つ他の情報も得られるでしょう。たとえば、精神療法医の夫に虐待されている女性がセラピスト自体を信頼できない場合、彼女は同じ状況の人々が集まるサポートグループやインターネット上で閲覧できるセルフヘルプの教材などを利用することができます。

けなしと侮辱

モラハラ男はパートナーに無力感や恥ずかしさを感じさせると自分が強いと感じる

けなしや侮辱には、子ども扱いをする、一人前の人間として認めないなど相手を自分よりも劣っている人間として扱う行為が含まれます。故意にモラハラをする男性の多くは、自分の「所有権」と立場の優位性を作り上げ、女性の自尊心を潰すためにパートナーをけなし、侮辱します。モラハラ男は女性を嫌な気分にさせることによって気分がよくなります。彼女に無力さを感じさせることによって自分が強いように感じます。彼は心の中で、この女性は丁寧に扱う価値がないと思っているので、彼女への虐待は正当なことだと考えます。もしも自分が日頃、何かしらパートナーより劣っていると思うことがあれば、自分と「同レベルにするため」に彼女を蔑みます。

単なる侮辱以上の行為

カップルがお互いをけなし合ったり、パートナーの一方が単純に失礼な態度をとったりするのはよくあることです。こういった行動が直ちにモラルハラスメントになるわけではありません。モラハラの関係では、一方だけが相手を非常に激しく、あるいは絶え間なくけなし続けます。ある被害者はモラハラ男から、君はゴミ以下の存在だ、誰にも愛されていない、君がそばにいると皆の気分が悪くなるなどと言われたといいます。それを大目に見てあげられる僕のような人間がいて君はラッキーなのだとも。意地の悪いことを言うだけでなく、モラハラ男は、パートナーに自尊心を与えてくれるソーシャルネットワークを彼女から取り上げてしまいます。彼女はさらに孤立し、彼の侮辱によってますます不安定になっていきます。彼女はこの屈辱的な状況から逃げられると思っていません。そんなことをしたら彼の行動がさらにひどくなるからです。

モラハラのある関係では、男性の身体的、社会的欲求が常に中心に据えられ、パートナーの欲求は最小限に扱われ、否定され、脇に置かれ、歪められています。彼が決めた条件に彼女が従うのは当然のこととされ、どんなことでも、すべての物事に決断を下す権利は彼にあります。その話を終わらせるかどうかを決めるのも彼です。彼女がたとえば家庭に必要な小物を買うなどの小さな決定をした時、おそらく彼は彼女が選んだものを嘲笑うでしょう。彼女が欲しくないものをわざとプレゼントして、それを喜ばないと言って彼女を非難します。彼女の意見を聞かずに計画を立て、反対されると彼女に腹を立てます。

モラハラ男は、君に必要なものは君自身よりも僕の方がわかっていると相手に納得させようとします。その結果、彼女は自分の人生について自分で決断ができなくなってしまいます。

クレイグは妻のルースに対して、君はいつも「忙しすぎる」「リラックスする方法を学ぶべきだ」と繰り返し言います。ルースを自分の隣に座らせ、長時間「そのままでいる」ことを強要します。その間、自分は何かを読んだり、コンピュータでネットサーフィンをしたりしています。彼との交際を解消した後、私は「待て」と言われた犬のような気持ちだったとルースは言います。「僕は君を気づかっている」「君にとって一番いいことがわかっている」とクレイグに説得され、時間が経つにつれ、クレイグの指示を受け入れるよう訓練されていたのだとルースは語りました。

女性パートナーの得意分野をターゲットにして彼女を傷つけるモラハラ男もいます。容姿に自信のある女性には、彼女の外見をけなします。彼女が料理の腕前に自信があるなら、料理をけなすだけでなく、わざと夕食時間に遅れて帰宅します。そうすれば温め直した料理は美味しくないと彼女に文句を言えるからです。一方、パートナーが不安に思っていることを攻撃するモラハラ男もいます。たとえば自分が太っていると感じている女性には、彼女を「太った牛」と呼びます。教養面に不安のある女性のことは、絶えず「バカ」と呼ぶでしょう。

モラハラ男のなかには、人前で価値がない人間に見えるように相手に振る舞わせる人もいます。

アーサーは妻のロージーに家の外では目線を落とすようにと言いつけていました。レストランでは彼女の料理を彼が注文し、会話では彼女の代わりに彼が答えました。歩道を歩く時は自分の前を歩くように言い、他人が彼女とどう交流するのか、後ろから観察していました。

人格を否定する行為は相手を疲れさせ、彼女から抵抗する力を奪います。このような制限や侮辱に抵抗しようとすると、女性はさらなるリスクに晒されることになります。

セックスを通じての人格否定

モラルハラスメントをする男性の多くが、パートナーの人格否定のためにセックスを利用します。望んでいない性行為の強要は、人格を否定する行為であり、婚姻関係においても、米国のすべての州、そして世界のほとんどの国で違法とされています。自分の夫だけでなく前の夫や前のボーイフレンドを性的暴行の容疑で告訴することは、女性にとって精神的に非常に辛いことです。司法の扱い方によっては、犯罪を届出ること自体、自分が辱めを受ける結果になってしまいます。

強制的なセックスは、一連のモラハラ行為のなかで起こります。パートナー双方が合意の上での行為は強制ではありません。一方のパートナーがしかたなく合意したセックスは、ある意味で強制的な行為となります。モラハラ男は、もしも拒んだらひどい目に遭うぞ、わかっているだろうなと彼女にほのめかすことで、性行為を強要します。モラハラのある関係で最も起こりやすく、最もひどい行為はセックスの強要だと被害者は語っています。強制的なセックスは、一連のモラハラ行為のなかでも最悪の行為であり、強制的なセックスの存在は、死の危険性さえも生じる可能性を示しています（227頁「致命度。死の危険性を評価する」を見てください)。一度、強制的なセックスを受け入れてしまった女性は、その先も同じ脅しを受け続けます。こうして強制的なセックスは日常化していきます。

強制的なセックスは屈辱であり、モラハラ関係において非常におこりやすい

相手の人格を無視した性行為には、必ずしも腕力が使われるわけではなく、穏やかなものから拷問にいたるまで幅広い行為が含まれます。最も穏やかなレベルのものとしては、男性が妻に公の場で肌を露出する服を着させ、彼女に恥ずかしい思いをさせるというものがあります。これはそれほどひどいことではないようにも見えますが、この状況に置かれた女性は、社会に対して自分が見せたいと望む自分を見せることが許されていません。この行為は第三者からの彼女の評価を損なわせ、また、彼女自身が自分を見る目にも影響を与えます。これは公の場での屈辱行為です。あるいはパートナーに自分の力を見せつけるためにセックスの前の入浴をわざと拒否する男性もいます。

最もひどい、しかし頻繁におこなわれているのが、苦痛や屈辱を与える性行為をパートナーに強要することです。虐待的なモラハラ男はよくアナルセックスをします。なぜならその行為には苦痛が伴うことを知っているからです。彼は行為に道具を使ったり、他の男性や女性、子

モラハラセックスの一連の行為

強制的でない
カップルの両方が自由に抑圧のない状態で合意した性行為

強引・強要
一方のパートナーが最初は気が進まないことを示し、あるいは拒否しても、次に「話し合いの末」、あるいは一方のパートナーが「平和を保つために」承諾した場合など抑圧的な状態での性行為

完全な強制
承諾なしの性行為。レイプや、パートナーの一方が酒を飲まされた、薬物を与えられた、あるいは意識がないため同意ができない状態で行われる性行為

ども、あるいは動物とのセックスを強要したりします。彼女の身体を標的にして指やペニスを武器として使い、彼女が望まない性行為を罰として与えます。わざと性病（性行為感染症）をうつすこともあります。また、他人に見える場所でのセックスを強要する男性や、彼女の行動を支配するため、彼女の性的な写真やビデオを撮影して脅迫材料として使う男性もいます。彼はまた、自分が他の女性や男性とセックスするところを彼女に無理やり見せようとします。モラハラ男は、パートナーからの性的な誘いを拒否することが多い一方で、自分が望む時はいつでも要求通りのことをしろと言います。もしも彼女が彼とセックスしないと言ったり、特定の行為を拒否したりすれば、彼女を罵ったり、他の女性や彼女の子どもたちとセックスすると言って

脅したり、あるいはただ彼女をレイプします。彼はまた、彼女が性的に興奮しているかどうか、あるいは他の男性と性行為をしているかどうかをチェックするために、苦痛を伴う侮辱的な「検査」をすることもあります。

ここで語られている行動に共通することは何でしょうか。これらの行動は、自分の性をいつどのように表現するかを決める権利をひとりの人間から奪っています。これはパートナーにもっと性的に大胆になってほしいと言うのとは話がちがいます。相手からの性的誘いに「もしも言う通りにしないと、お前の嫌なことをするぞ」という暗示が含まれているとしたら、それはモラハラです。セックスが別の人間の価値や自尊心を失わせるために使われる時、それは優位に立とうとする人間の支配欲によるものです。パートナーの人格を無視し、彼女がしたくない行為を強要することでさらにスリルを感じる男性もいます。彼らは単純に、自分のパートナーや前のパートナーに対して、自分には性的にやりたいことは何でもする権利があると信じているのです。

価値や自尊心を奪う極端な形

排泄、睡眠、食事、水を飲む、さらにはひとつひとつの動きまで、女性の身体機能を支配することで女性の自尊心を奪うモラハラ男たちもいます。彼らは妻やガールフレンドの体重を毎日確認し、彼女たちの食事を支配し、尋常ではないダイエットをさせたり、下剤を飲ませたり、無理やり浣腸をしたりします。また女性の髪に食べ物や精液をなすりつけたり、トイレに行く許可を与えなかったり、トイレットペーパーを使わせなかったり、腐った食べ物を無理やり食べさせたりもします。彼らはまた、妻やガールフレンドに彼女たちは魅力的でないと言い聞かせ、「欠点」を直すために豊胸手術や美容整形手術を受けさせます。

女性にエクササイズやダイエットや彼好みの服装を強いるモラハラ男がいる一方、妻やガールフレンドの魅力を失わせることで彼女たちを蔑む男性もいます。

チャーリーは妻にシャワーを週に一回しか浴びさせず、おまえは臭いとか、胸が悪くなるなどと罵ります。

ダグは妻のアビーに何週間も同じトレーナーとスエットパンツを着させ、洗濯もさせませんでした。ふたりの関係が悪化するにつれ、ダグはアビーの皿に食べ物を山盛りにし、全部食べ終わるまでテーブルから離れることを禁じました。次には彼女を「太ったブタ」と呼び、おまえは誰にも愛されないと言いました。

ロドリゴは酒に酔うと、何度もハサミを取り出しては、妻の髪をわざと左右のバランスがちがう不恰好な形に切りました。妻と近所の男性との会話が長すぎると思えば、「彼女を懲らしめる」ため、彼女の眉毛を剃りました。

自分が相手を所有、支配している事実を見せつけるため、あるいは相手を自己嫌悪に陥らせるため、妻やガールフレンドに噛みついたり、痣をつけたり、やけどをさせたり、皮膚に傷をつけたり、刺青を入れさせたりする男性もいます。さらに暴力的な男性は、女性を殴り、歯を折り、顔に傷跡を残すこともあります。こういった行為が頻繁に起きていることから、全米ドメスティック・バイオレンス（ＤＶ）反対連合（National Coalition Against Domestic Violence）は、米国顔面形成外科学会（American Academy of Facial Plastic and Reconstructive Surgery）および米国審美歯科学会（American Academy of Cosmetic Dentistry）との共同プログラムを設立し、身体に虐待を受けた女性や子どもたちの傷や抜け落ちた歯を治し、タトゥーや傷跡を消す活動をしています。

最もひどい場合、モラハラ男は女性を動物のように扱います。彼女に犬の餌皿を使わせたり、ドッグフードを食べさせたり、首に犬の首輪をつけて紐でつなぎとめたり、毎日、一言も話をさせなかったり、犬に指図するように後ろから「ついてこい」などと命じたり、椅子に座ることやベッドで寝ることを禁止し、女性を床に座らせたり寝かせたりします。こういった残忍な行為は、モラルハラスメントがエスカレートしていることを示しています。しかし、ここで重要なのは、与えられる屈辱が穏やかでありふれたものであったとしても、それらがモラハラ被害者の人生を苦しめていることです。

子どもを通じたモラハラ

カップル間に暴力があるかどうかにかかわらず、子どもたちはトラウマや恐怖や不安感に苦しむ

生物学上の父親、義理の父親、あるいは単なる母親のボーイフレンドといった立場に関係なく、モラハラ男は子どもたちの幸福な生活に危険をもたらします。子どもたちにも直接、身体的暴力を振るい、精神的にも肉体的にも彼らを傷つけます。それと同時に、目の前で母親に暴行することもあり、時には子どもに母親を傷つけろと命令することさえあります。また、モラハラ男は、反対に母親に子どもを傷つけさせることもあります。子どもたちが、特に男の子の場合、母親を守ろうとして間に入ってケガをするのはよくあることです。カップルの間に暴力があるかどうかにかかわらず、子どもたちはトラウマや恐怖や不安感に苦しみます。

身体的な暴力がなくとも、モラハラ男は子どもの生活に必要な物を母親から奪うことで子どもたちを危険に晒します。たとえば、彼女から教育や交通手段、もしくは仕事を奪えば、子どもたちは困難に直面します。

母親から子どもを引き離す

子どもとつながることによって女性は強くなったと感じ、モラハラ男の脅威となる

子どもとつながることによって自分が強くなったと感じる女性は多く、それはモラハラ男の脅威となります。彼は母親が子どもと過ごす時間を少なくさせ、母子の関係を邪魔しようとします。モラハラ男は、自分は常に子どもと一緒にいると主張します。あるいは母親の仕事時間を増やさせて、子どもとの時間を思うように取れなくさせます。スポーツ観戦のイベントなどには、母親ではなく男である自分の方がふさわしいと言い張ります。

子どもたちを愛しているふりをして彼らの仲間となることによって、あるいは逆に露骨に拒絶したり、虐待したりすることによって、虐待者は女性と彼女の子どもたちの間に軋轢《あつれき》を生じさせます。母親に対しては、「君の子どもへの愛情の注ぎ方は病的だ」「僕らの人生の妨げになる」といった考えを信じ込ませようとします。彼は絶えず、子どもと自分のどちらの意見を取るか、子どもと自分のどちらと一緒に時間を過ごすか、彼女に選ばせようとします。彼女が子どもと一緒にいたいのを知りながら、わざとその時間帯に「カップルの時間」を作ろうとします。このようなプレッシャーに負けてしまい、子どもたちとの関係を悪化させてしまう女性は

数多く存在します。

息子に対する態度が性的に不適切だと女性を非難する男性もいます。その息子が幼い子どもか少年か、青年かは関係ありません。これによって女性が息子と距離を置いてしまうこともあります。パートナーの娘を誘惑しようとするモラハラ男もいます。その行為が最終的に性的虐待を目的としているものでなくとも、母娘のどちらか、あるいは両方が気まずい思いをするようになれば、母娘を引き離す結果になります。パートナーは女性の娘を誘惑してはなりません。

彼女の子どもに性的虐待をしようとするモラハラ男は、まず母親と子どもを仲たがいさせようとします。母子の間の緊張関係が高まるにつれ、彼が密かに子どもを性的に虐待できる可能性が高くなります。その子どもは彼からの虐待を隠すために嘘をつかなければいけないと感じ、次には、自分を守ってくれない母親に怒りを感じるようになります。

彼女の子育てを妨害する

支配的なモラハラ男は、家庭内の権力を独り占めにする方法を探り、子どもたちが母親を軽蔑するように仕向ける

支配的なモラハラ男は、家庭内の権力を独り占めにする方法を探り、子どもたちが母親を軽蔑するように仕向けます。その目的は母の立場の妨害です。たとえば宿題をする前に子どもがテレビを見ることを許すなど、母親が決めたルールを破らせることで巧妙にことを進めます。モラハラ男は母親を尊敬するようにと子どもたちに言う一方で、家での彼女の影響を減らすためにあらゆることをやります。彼女の悪口を言い、彼女を批判し、あるいは子どもの目の前で彼女を虐待します。子どもたちは、モラハラ男が「本当の」力をもつ人間で、自分たちの母親は弱い人間だと思うようになります。そうして子どもたちは母親の命令に従うことをやめ、「手がつけられない」状態になり、彼女は自分には能力がないと思い込むようになります。彼女はついには子どもたちを叩いたり、大声で怒鳴ったりするようになります。これによって、彼女は無力で感情的すぎるという印象がますます確かなものになってしまいます。

モラハラ男が子育てやしつけに対する方針を女性や子どもに押し付けるのはよくあることです。彼が義理の父親か、あるいは義理の父親的な立場で、すべてを一度に変えようとする場合は、特に大きな問題となります。それはたとえば走行中の車の方向を無理矢理変えさせるようなもので、危険な状況を引き起こします。

ジャレッドは前のガールフレンドのアパートから追い出されたわずか一週間後、ヘレンと彼女の子どもたちの家に引っ越してきました。部屋を貸すというヘレンのオンライン広告を見て連絡してきたのです。まもなく彼はヘレンのボーイフレンドとなり、家賃を払うのをやめ、子どもたちのことも含めて世帯を管理するようになりました。彼は食事の時間、お風呂やトイレの使い方、家事などほとんどすべてのことに細かいルールを作りました。ヘレンが一二歳の娘のアリエラと仲が良いのを見て、ジャレッドはアリエラを批判し、いつも小言を言うなど彼女に特に厳しく当たりました。ヘレンはジャレッドにアリエラを叩かせることはありませんでしたが、ジャレッドがアリエラを部屋に行かせ、罰として座って聖書の文言を写させた時は、怒りをこらえながら無言でその様子を見ていました。ヘレンは窮地に追い込まれていました。もしもアリエラの側につけば、ジャレッドはヘレンに激怒するでしょう。もしもジャレッドに子どものしつけを許せば、アリエラは自分に怒りをぶつけるでしょう。ヘレンは解決策を見つけられずに絶望していましたが、カウンセリングの専門家に出会うことができました。カウンセラーは子どもの幸せのために、ジャレッドに出て行ってもらうようヘレンが彼を説得する手助けをしてくれました。彼が出て行ったあと、ヘレンは彼との関係も終わらせる決心をしました。

ジャレッドのような支配的なモラハラ男の多くは、母親だけでなく子どもたちも支配するために、母親と子どもの関係をわざと邪魔します。

子どもたちを脅す

モラハラ男はまた、子どもの幸せを脅かすことで女性を支配します。たとえば、父親や父親的立場にある人間が、子どもの治療費や洋服代、その他の費用の支払いを拒否します。母親がこういった必需品を子どもに買いたいと言うと、代償として何かをしろと命じます。子どもを連れてどこかへいなくなると言って脅したり、児童保護サービスに母親を通報して母親から子どもを引き離したり、あるいは直接、子どもを傷つけることもあります。

子どもたちは生き残るための戦略として、モラハラ男のふるまいに順応することを学びます。腕力が強く自分に危害を加えそうな大人を満足させるため、子どもたちはモラハラ男の母親への嫌がらせを見て笑い、彼と一緒になって母親をいじめます。子どもたちは男性に買収されるか、強要されるか、あるいは吹き込まれるかして、母親を蔑んだり、彼女をこっそり見張ったり、彼女の身体を傷つけたりするようになります。子どもたちは支配する男性の支配領域を広げることを強いられます。母親をいたわったり守ろうとしたりすると、子どもたち自身が危険な目に遭うことになります。

男性側に以前の関係からの子どもがいる場合、新たなパートナーとなった女性がその子どもに愛情を感じるのはよくあることです。モラハラ男はこの絆を使って女性を操ろうとします。

付き合い始めた頃、フレッドはガールフレンドのテリに、ある頼みごとをしました。それはテリが「あなたたちのもとを離れない」と彼の子どもたちに誓って欲しいというものでした。テリはこの約束をすることに躊躇しましたが、子どもたちの前だったので断れませんでした。やがてふたりのカップルとしての関係が悪化し、テリはフレッドにもう二度と会いたくないと思いましたが、彼女は子どもたちとの約束に縛られ、彼らに二週間おきに会うことを決めました。これによってテリは、自分が望むよりも多くの回数、フレッドに連絡をしなくてはなりませんでした。やがて彼女は子どもたちに謝り、彼らとの連絡も断ちました。

第9章では、母親がモラハラ男と別れた後の子どもたちへの対処方法について説明しています。

PART 2

どうしてモラルハラスメントが起きるのか

ここでは、モラルハラスメントの関係が生まれる理由についてを説明していきます。まず、第3章では、男性が女性パートナーを虐待するのは、社会がその状況を許し、誰も止めないからだということについて論じていきます。第3章ではまた、子ども時代に手本とする大人やポップカルチャー、トラウマ、依存症、心の病などがモラルハラスメントをする男性に与える影響についても説明します。第4章では、どうして女性が傷つけられやすいのかについて、そしてモラハラの関係から自由になろうと努力している女性が直面する問題について見ていきます。そして困難な状況を生き延びるための抵抗や対処の方法についても詳しく説明していきます。

3 なぜある種の男性はモラハラをするのか

男性のなかには、支配欲が満たされる快感を求めてモラハラ行為に手を染める人がいます。本人が社会で弱い立場にあるか、指導的な立場にあるかどうかに関わらず、彼らはパートナーを支配する力が自分にあるのを知っています。また、モラハラ男のなかには、男性が決断を下し、女性が言われた通りのことをするというジェンダー（社会的性別）の固定観念に動かされている人もいます。多くの場合、男性自身、自分は純粋な愛情からそういった行動をとっているのだと自分を納得させています。女性の金銭を奪い、彼女に家事や料理や子どもの世話を押し付けるといった行為によって、モラハラ男は実生活で利益を得ることができます。一方で自分は「休み時間」を取り、要求すればいつでもセックスができると思っています。モラハラ男はパートナーを脅し、彼女の自尊心を奪い、彼女を操り、監視することで恩恵を享受しています。

子どもは性別役割（ジェンダーロール）に囚われる

幼い頃から女の子は人の世話をすることを教えられ、ほとんどの男の子は誰かに世話をしてもらえると思っている

幼い頃から、ほとんどの女の子が人の世話をすることを教えられ、ほとんどの男の子は誰かに世話をしてもらえるだろうと思っています。今日でさえ、女の子は料理や掃除、弟妹の世話はもとより、いつも愛想がよく、人の手伝いをするべきだとされています。一方、男の子は、おそらく自分が使ったお皿を洗ったり、ゴミを外に出したりする以外は、めったに家事を頼まれることはありません。男の子は人をなだめることや他人に順応することは求められず、感情を爆発させ、乱暴で利己的な、あるいは不機嫌な行動をしても許されてしまいがちです。彼らの行動には弁解が認められています。結局のところ、「男の子は男の子だから」ということです。

男性も女性も、この早い段階からの刷り込みを抱えたまま大人になります。男女はもともと違った条件で人間関係を始めるようになっているのです。つまり一般に女性は人をなだめ、喜ばせるために出来ることは何でもやり、男性は自分のやりたいことに集中するという状態です。概して女性はカップルの情緒面を担当し、夫や子どもが満足するよう人間関係に気を配っています。この状況が、ある種の男性がモラハラを始めるお膳立てを整えているのは明らかです。

ほとんどの男の子は他の男子と友好的かつ激しく競争するように育てられます。彼らは喧嘩をし、自慢をし、人を出し抜くために他人を傷つけることを学びます。これとは対照的に、ほとんどの女の子は協力をし、他人の犠牲となり、周囲の人間を支援することを学びます。これらの習慣は遊び場にも表れ、男の子は勝ち負けが明確な、乱暴で活発なゲーム（あるいは電子ゲーム）を選ぶ傾向があります。女の子はお互いに助け合ってする縄跳びや手遊びや、おしゃべりを好みます。また女の子はよく「おままごと」をやり、その遊びの中で、お母さん役など未来の家庭生活に重要だと教えられている役割を演じます。子どもたちは周囲の大人を見ながらそういった役割を演じることを学びます。ジェンダーに沿った行動をとれば褒められ、そぐわない行動をすれば叱られます。

家庭や地域によっては、男の子にも女の子にも将来の夫と妻は親友として同等のパートナーであるべきだという教育をしますが、伝統的な価値観は現在もメディアや宗教組織で見受けられます。男女の関係は、当人たちが思う以上にこういった価値観から影響を受けています。社会の固定観念は、男の子に対し、いつか自分を愛し、自分の世話が最も大切な仕事だと思ってくれる女性に出会い、自分は彼女と家族を導くための重要な決断をするようになると教えます。一方、女の子は全知全能の男性が守ってくれることを期待するように育てられます（これらの考え方は、ほとんどの子どもたちに浸透しています。将来、成長し、同性間の恋愛をする子どもたちも含まれます）。こういった期待が、女性は優しく男性は支配的になることをあたりまえとするカップルを生み出しています。

男性のなかには、仕事場やスポーツのグラウンドでいじめっ子のようにふるまうなど、幼い頃の競争や支配の訓練を成人後の生活にまで持ちこんでいる人がいます。最も簡単に支配できるのは恋愛あるいはセックスのパートナーだということに多くの男性が気づいています。自分のすべての欲求を女性に期待する男性は、彼女の自由を尊重せず、彼女の人生を自分に引きつけておくため、絶えずプレッシャーをかけつづけます。

男の子たちは支配と虐待を学ぶ

ある男性がパートナーにモラルハラスメントをする要因として次の三つが挙げられます。第一に、彼には人を支配する傾向があること。第二に、パートナーをひとりの人間として尊重していないこと。第三には、パートナーを支配したり、虐待したりするといった行動を自分自身に許していることです。モラハラをする男性は、自分の行動や考え方が間違っていないというメッセージを社会からも受け取っています。

モラハラ男は妻に話をする時、怒った親が子どもを叱るのと同じような、人を見下した、自分は何でも知っているといった風な無礼な言い方をします。彼らは自分が育った家庭でこのような口調を学んできたのです。

社会は男性の支配的で横暴な行動を後押ししている

父親が息子を厳しく罰する家庭で育った男の子は、自分のパートナーや子どもたちを同じように罰する大人に成長します。息子のお尻を叩く時、父親は、がっかりしたり、怒ったりした時には他人を傷つけてもかまわないと息子に教育しています。それが意図的なものでなくとも、その父親は、身体的な力と威嚇が、男性が自分のやり方を通す道だと実演しているのです。言葉や身体的な脅しをすることなく、思慮深い方法で争いを解決する。そういった健康的でポジティブな方法を学ぶ機会も息子から奪っています。体罰を使うことによって両親は、脅しや暴力行為が家庭内に存在してもかまわないと子どもに教えています。子どもたちは、暴力行為は時には愛する人に対しても正当化されると教えられます。大人になった時、モラハラ男は、妻やガールフレンドに「罰を与える」正当な理由を簡単に見つけることができるのです。

時には、父親が母親にモラハラ行為をしている家庭で育った少年が、親切で優しいパートナーになることもあります。しかし父親が自分の母親にモラハラ行為をしている姿を見て育った少年が、自分の妻やガールフレンドに対して同じ行為を繰り返すようになる確率は高いと言えます。彼は女性を軽蔑し、低く評価することを学んできました。その子どもにとって父親は、自分が最も愛する人を言葉や暴力で傷つけても良い、女性はそれに値する存在だと考えるお手本になってしまったのです。

ポピュラー音楽や映画の多くは、女性に対する男性の暴力やパートナーの支配を美化しています。テレビのリアリティ番組では、さまざまの状況で女性を誘惑するプレイボーイがもてはやされています。セレブ主婦たちの生活を映し出した「ザ・リアル・ハウスワイブス」シリーズでは、外見やお金にしか興味のない女性たちを手玉に取る「女たらしの男」が好意的に描かれています。アフリカ系アメリカ人向けのテレビシリーズには、次から次に女性を誘惑し、複数の「ベイビーママ」とつき合う「プレーヤーたち（遊び人）」が登場します。一般にこれらの番組に登場する男性は、女性を物のように扱っています。

スポーツのスター選手をはじめ、お金や操り行為、暴力によって女性を支配する多くの有名人たちが新聞の見出しを飾っています。少年や男性は、ビデオゲームに登場する、銃を撃ち、性的暴行をし、拷問をし、拘束をし、女性キャラクターに苦痛を与える男を自分と重ね合わせることを学びます。

パートナーから性的虐待を受けている女性は、虐待にポルノが関係していると報告している

男性が男性のために作ったポルノビデオの多くは、男性が女性を完全に支配することについ

て教えます。ポルノビデオのなかでは、現実の女性が傷つけられます。また、ポルノで演じられている空想では、暴力とセックスが結びつけられています。ポルノを消費することによって少年や男性は、暴力はセクシーであり、セックスは暴力的なもの、そして女性を完全に支配することは興奮を得られるものだと学びます。パートナーから性的被害を受けている女性の多くは、虐待にポルノが関係していると報告しています。男性のなかには、ポルノビデオで初めて見たやり方でパートナーを拘束したり、苦痛を与えたりする人もいます。

モラハラ男の虐待は、常に選択の結果であり、単純に父親から受け継いだものでも、社会から学んだものでもない

これらの支配的な男性像を家庭内やメディアで目にすることによって、少年たちは「男である」ことの意味について歪んだ理想像をもつようになります。少年たちの多くは、自分の意見や感情を言葉で表現するよりも、自分の欲求や苦痛を身体で表現することを学びます。それにもかかわらず、ほとんどの少年が、女性を虐待する男性に育つわけではありません。少年たちは自分がこうなりたいと思うさまざまなお手本をあらゆる場所で目にしています。同じ家で育ったふたりの兄弟が違う道を選ぶこともあります。兄は怒って威張り散らしている父親を手本にするかもしれませんし、弟は親切で優しい叔父や教師を見習う道を選ぶかもしれません。

女性を虐待することは、常に個人の選択の結果であり、単純に父親から受け継いだものでも、社会から学んだものでもありません。

歴史と現在

現在、大部分の社会が男社会と言えます。経済、政治、エンターテインメント、スポーツ、不動産、科学、教育、宗教など、ほとんどすべての分野のトップは男性で占められています。与えられた権威ある地位によって、男性は公の場でも私生活においても女性に対する特権を維持することができます。男性は一般に女性よりも給料が高く、財産もあります。男性はたいていの場合、女性よりも身体が大きく力も強く、身体能力に自信があるため、その存在だけで女性を脅すことができます。ほとんどの女性が、たとえば夜の外出を控えたり、暗闇を避けるようにしたりと暴行を受けるリスクに晒されないように細心の注意を払っているなか、男性が同じように用心しなくてはと感じることはめったにありません。これらすべて、そしてさらなる理由によって、男性と女性は世界を異なる形で経験しています。

すべての社会的な信念体系が、男性が女性を支配することを重視しています。自分の信仰を支配の言い訳に使う男性もいます。宗教の教え、あるいはその他の教義を引き合いにして「あなたは私に従うべきだ」と言って自分の行動の責任を回避する男性もいます。喜んでこれに従う女性もいれば、抵抗する女性もおり、そういった教義をすべて拒絶する女性もいます。ほとんどの主だった宗教には、女性が自由に生きる手助けになる教えがあるのと同時に、女性の抑圧に使われる教義が含まれています。

ほとんどの主だった宗教には、女性が自由に生きる手助けになる教えがあるのと同時に、女性の抑圧に使われる教義が含まれている

伝統的な考え方が与える影響に加え、インターネット上のさまざまのオンライン・コミュニティが男性による女性支配を擁護しています。それを「ライフスタイルの選択肢」と唱えるサイトもあります。そういったウェブサイトは、親密な間柄における男性による女性支配を実行させ、継続させ、確立させるための「手引き」を提供し、女性支配を推進します（女性が男性を支配することを提唱するウェブサイトも存在しますが、数はわずかです）。これらのオンライン・コミュニティは男性が女性の尻を叩くことから、夫が妻を奴隷として扱うことまで、さまざまな行動を奨励します。キリスト教の歪んだ解釈、反フェミニスト的論法、男性による女性支配は「自然」なことだとする見解など、さまざまな観念が彼らの信念の裏付けをしています。これらのサイトで議論をする人たちは、「そのライフスタイル」をさらに完璧にするための支援やアドバイスを求めています。議論に参加する多くの女性たちも、安全な生活を切望しているとコメ

ントしています。彼女たちは男性に従順であることで、彼の誠実さと深い愛情が生涯にわたって保証されると信じているように見えます。しかしその議論は、楽園に問題があることもまた、明らかにしています。そこには他の関係と同様に裏切りと失望が存在します。彼女たちがパートナーを喜ばせるのをやめ、ゴールを放棄したらどうなるでしょうか。ふたりの関係が失敗した時、彼女たちは異常なほど依存的で孤立した状態になっているのです。

法律、宗教、文化のすべての面で女性の活動が制限されている社会では、男性は女性の従順さを獲得するためにモラルハラスメントをする必要はありません。近所の人や親戚が女性を見張り、習慣に従うようプレッシャーを与えているからです。そこでは社会全体が、女性の服装や行動や人間関係を制限しています。女性を厳しく制限する社会規範のある場所から、女性が比較的自由に動ける新しい国へ移住した男性が、地位と権力を失ったことで動揺する場合もあります。新しい社会に適応できなかった男性たちは、時には暴力も含めたモラハラの手段を使い、以前のように妻や娘を服従させようとします。

法律が女性に対して概ね男性と同じ自由を認めている社会で娘やガールフレンドや妻を支配したい男性は、直接的に、そして頻繁に自分の力を行使しようと必死になっています。女性に対する身体的暴力は、いまも一般に起きていることですが、アメリカやその他の先進国では、違法行為として厳しく非難されるようになりました。このため、近所の人間や警察に見つからない方法で女性を支配する手段として、モラルハラスメントが生まれたと言えます。

男性の不安が彼らの行動に影響を与える

もちろんすべての男性が女性よりも力があると感じているわけではありません。実際、モラハラ男の多くは弱い人間で、怯えながら生きています。彼らは自分の無力さを隠すために他人を支配します。モラハラ男は、自分の人生や環境を支配できない時、自分に力があるという感覚を取り戻すために妻やガールフレンドを攻撃します。力がない人間であることを人に知られると、特に支配が起こりやすくなります。

男性は自分の力が奪われたと感じた時、もう一度自分の力強さを感じるために身近な女性を支配したり虐待したりする

ジェイソンの父親と兄は、ふたりとも電気技師として働いており、ジェイソンがセールスマンという「手を汚さない」仕事を選んだことで彼をからかっていました。彼の妻のシェリルは、食器洗浄機や掃除機など何か機械が壊れた時はいつも、ジェイソンに見つかる前に修理しようとしていました。もしも何かが壊れているとジェイソンが知ったら、彼は自分で直そうとし、たいていは失敗するからです。彼は修理ができない人間は男らしくない

と感じているようです。彼は怒り狂い、妻にやつあたりをします。大声を出し、シェリルに屈辱を与えることで機嫌が良くなるように見えます。

自分が感情的に麻痺していると感じているモラハラ男は、「自分を支える存在」と「自分の感情を取り戻す手段」というふたつの側面でパートナーに依存しています。彼女を混乱させている時、彼は自分には力がある、主導権を握っていると感じます。矛盾していますが、彼女が泣くまで虐待しておきながら、彼女が泣いたと言って責め立てます。彼女が弱さを見せるように強いているのに、その弱さを見ると自分自身の不安感を思い出し、居心地が悪くなるのです。

他人を支配しようとする男性は、心理学的に言う「愛着障害」をもっています。これは自分にとって最も大切な人々に捨てられるのではないかと恐れながら生きることを意味しています。このように感じている男性は、妻やガールフレンドは自分を愛し、常に自分の欲求に応えてくれて、自分から去っていかないと絶えず確かめずにはいられません。パートナーが自分に興味を失ったり、他人に興味を示したりする兆候を少しでも見せると（それが本当であろうと想像であろうと）、異常なまでの警戒心を示すようになります。自分のパートナーを引きつけておくため、独占欲と嫉妬心を剥き出しにして行動します。残念なことに、まさにこういった行動によって彼女は逆に離れていってしまいます。

モラハラ男の多くは、仕事仲間や飲み友だちはいますが、本当の友人はほとんどいない場合が多く、孤独を感じています。妻やガールフレンドとの関係を心配するあまり、彼女が自分と一緒にいてくれることを常に確かめ、安心しようとします。彼女が離れていくような様子を見せたと思うと、彼女がいなければ生きていけないという強い恐れを感じ、彼女のことを非難します。また彼は、彼女のことを、関係を終わりにする選択が自由にできるひとりの人間として見ることができません。彼女を支配することが、その女性に見捨てられない唯一の方法だと信じています。

トラウマ

トラウマを抱えている男性のなかには、疑い深く、怒りやすく、支配的になる人がいる

トラウマを抱えている男性のなかには（もちろんすべてではありませんが！）、疑い深く、怒りやすく、支配的になる人がいます。こういった行動は、トラウマをもつ男性を一時は安心させる手助けになるかもしれませんが、彼が自分のパートナーと健全な関係を築く機会を妨げています。家庭や学校、ストリートや戦場で暴力を経験した人間は、自分の感情や衝動を抑えるのが難しくなります。毎日の出来事が、トラウマとなった元の状況を思い起こす引き金になる可能性があります。この時、彼自身はこのプロセスに気づいていません。たとえば、父親や軍隊から残酷な扱いを受けた男性は、難題を与えられたと感じると激しく怒りだします（怒りは自分では制御できないと感じますが、それでも怒りの制御は学ぶことが「可能」です。彼はおそらく、ある程度は自分の怒りを調節し、トラブルを減らすことができているはずです）。

トラウマの歴史は、アルコールやドラッグ、市販の処方箋薬などの乱用につながる傾向があります。トラウマは乱暴な行動の引き金となり得るのです。

ティレルは三度目の軍事遠征から神経質で不安定な状態で戻ってきました。最初の二回の遠征の後は平気でしたが、爆発した戦車からばらばらになった仲間の身体を下ろした体験が、ティレルを危機的状況に追いやりました。もう生きていたくないと思った時もありました。戦いで聴覚の一部を失い、脳震盪を起こしました。重い装備を運ぶことで背中と首も痛めていました。しかし彼はケガをしているようには見えず、助けを求めたいとも思いませんでした。文句を言うことは、弱みを見せることだと考えていたのです。

ティレルは鎮痛剤を飲み、立て続けにタバコを吸います。戻ってきた軍隊での仕事は、自分にとっては「退屈」で、リタイアするまでの時間つぶしのようなものです。彼にとっては家族の心配などくだらないもので、戦争で感じた興奮と比べれば、家庭生活は表面的で面白くありません。彼は人生の方向性を見失い、不安になっていました。自分が酒を飲みすぎているのもわかっていました。

ティレルは再びすべてを「規律のある状況」に戻したいと考えました。これを成し遂げるため、彼は家族の生活のすべてを支配し始めました。妻や子どもには、厳密なスケジュールに従って動くことを要求し、どこへ出かけるのか常に彼に教えるように言います。自分でもありえないとは思っていましたが、心のどこかで、自分が遠征に出ている間に妻が浮気をしたのではないかと疑っています。町での彼女の行動を見張るために尾行もしました。外出する際は、彼女に地味な服装をさせ、家では彼のためにセクシーなドレスを着るように要求しました。ティレルはベッドの下に弾を込めた拳銃を置き、服を着たまま眠っています。数日おきに妻に怒りをぶつけ、時には、どこへ行くかを彼女に告げずに出かけます。彼女は危険を感じ、また、自分は何も正しいことができないと思っていました。

ティレルのようにトラウマを抱えた男性にとって、アルコールとドラッグの乱用は、トラウマの症状に対処する手助けにはなりますが、同時に人を支配したり、すぐにかっとなったりする要因ともなります。戦時中の体験や幼い頃に受けた虐待といった繰り返されるトラウマから立ち直るには何年もかかり、多くの人が完全に立ち直ることができません。長期にわたって強いトラウマを抱えている人は、トラウマに焦点を当てた専門家の助けを求める必要があります。もしも彼が自分のパートナーを虐待あるいは支配し続けるなら、回復期間中は、彼女が「自分のそばに」いることを期待するべきではありません。自分の問題に取り組むことによって虐待的な態度をやめられる男性もいます。

ある種の人々にとって、支配や虐待行為の根底には過去のトラウマがあります。しかし、支配や虐待行為には、常に選択の要素が含まれています。モラハラ男は自分の行動に責任を持ち、自分を愛する人を支配したり傷つけたりする行為を自分に許すのをやめなくてはなりません。さらにモラハラ男のほとんどが、別の状況では支配行為や暴力行為をしていないことを忘れてはなりません。彼らはある状況下では行動を控えます。また、支配的あるいは暴力的な行動は、衝動的に、あるいは「制御不能」な状態で表れることもあれば、綿密な計画の上に行われている場合もあります。いかなる理由であっても、トラウマの歴史は、愛する人間だけに支配的あるいは虐待的な行動をしてしまうことの言い訳にはなりません。トラウマの治療をするだけでは、その人の暴力あるいはパートナーに対するモラハラ行為を軽減させることはできないでしょう。

子供の頃に育児放棄（ネグレクト）を受けた人間は、自分以外の人間の欲求に理解を示すのが難しい傾向があり、自分のパートナーとの距離が近くなるとパニック状態に陥る人もいます。彼らは他人に頼ることにはリスクがあると学んでいます。矛盾していますが、彼はパートナーと最も近づいていると感じている瞬間に彼女を払いのけたり、虐待したりするのです。

子供の頃に育児放棄（ネグレクト）を受けた人間は、パートナーの欲求に理解を示すのが難しい傾向があり、お互いの距離が近くなるとパニック状態に陥る人もいる

アルコールとドラッグと心の病気

モラハラ男がアルコールやドラッグや市販の処方箋薬を乱用している場合があります。これらの薬物は、モラハラ男の行動をふだんよりも残忍にしたり暴力的にしたりしますが、支配行動そのものの原因ではありません。パートナーを虐待することなく薬物を乱用する人間もいれば、薬物を乱用することなくパートナーを虐待する人間もいます。薬物中毒の治療を受けるだけでは、モラルハラスメントをやめさせることはできません。同時にモラハラ男は、中毒を克服するまでは、パートナーへの支配をやめる努力などできないでしょう。肝心なのは、モララ行為と薬物乱用が共存する人には、両方の問題に対処する治療が必要だということです。

モラハラ行為と同時に薬物乱用のある人は、両方の問題に対する治療が必要である

薬物の影響下にある人間は、自分の衝動を抑えにくくなります。パートナーを怖がらせるために車を猛スピードで運転したり、アルコールや薬で気分がハイになっている時は、普段より大声で彼女に怒鳴ったりするかもしれません。思ったよりも強く彼女の頬を叩いたりすることもあるでしょう。しかしながら、その時彼は、単純にコントロールを失っているわけではありません。彼は彼女に対して攻撃的な行動をとることを自分自身に許しているのです。

ビルは酒を飲むのを週末まで待ちます。妻のローレルが彼の飲酒癖と体重増加を心配しているのを知っていて、その心配を利用して彼女に辛く当たるのです。ビルは機嫌が悪くなるとローレルの前で次から次へとビールを開けては一気飲みをし、まるで「やめさせられるものなら、やめさせてみろ」と言わんばかりです。

ビルは飲みすぎるとだらしがなくなり、行動の予測がつかなくなります。ある時は子どもたちの前でローレルを摑み、ダンスをしようとしつこく言い張りました。彼女をベッドに引っ張り込み、飲みすぎて勃起しないと彼女に怒りをぶつけることもありました。酒に酔うと考え方が悲観的になり、人を非難するようになり、ローレルに対して、お前が俺の人生を台無しにした、お前のせいで俺は何も成功できないと言って彼女をなじります。ある時、彼はローレルが両親から結婚祝いにもらったお皿のセットを一枚一枚粉々にして、ローレルと子どもたちを怖がらせました。後始末の掃除をするのは、いつもローレルでした。

ローレルはビルが酒を飲み始めると、子どもたちを近所の人の家に預かってもらうようにしました。時間が経つにつれローレルは、ビルが飲んでいる時、ローレルの物しか壊していないことに気づきました。自分の大切なものは決して壊していないのです。このことでローレルは、彼は酔っ払っている時でも自分のやっていることがわかっているのではないかと疑うようになりました。またローレルは、ビルが両親や兄弟と一緒の時は、たくさん酒を飲んでも態度が荒れないことにも気づきました。ローレルは、ビルはある意味、彼女をコントロールするためにわざと自分のコントロールを失ったふりをしているのではないか、彼女に対してひどい行動を取ることを自分に許すために酒を飲んでいるのではないかと疑うようになりました。何らかの方法でビルが酒を飲むのをやめられたとしても、虐待をやめることはないとローレルは気づきました。ローレルは彼との関係を安全に終わらせるため、地元の女性支援センターのカウンセラーに会いはじめました。

薬物をやめようとしている、二日酔いになっている、あるいは薬物の禁断症状に苦しんでいる人は、身体がひどく辛い状態にあります。しかし、こういった状態の時、モラハラ男は単純に暴れ出すわけではありません。彼は自分の興奮の矛先を特定の人間に向けています。彼は自分の身近にいる女性をターゲットにします。なぜなら彼はそうすることを自分に許しているからです。

モラハラ男のなかには、心の病気にかかっている人もいます。たとえば、うつ病は人を怒りっぽく短気にさせます。パラノイド（偏執病）の人は、恐怖心と同様に、理由もなく嫉妬心を露わにします。衝動型の強迫性パーソナリティ障害に陥っている人は、他人には何の意味もないルールを強要し、厳しい服従を求めます。躁状態にある人は、ギャンブルや奇妙な性行為をしたり、持ってもいないお金を使ったりします。統合失調症の男性は、自分が怯える幻覚から隠れろと妻と子どもに言ったり、毒が入っていると言って食事を食べさせなかったりします。

しかしながら、支配と心の病は別の問題です。心の病を治療することでは、モラハラ男の支配的な考え方や、それに伴う行動をやめさせることはできません。

女性を支配するほとんどの男性は、心の病にかかっていません。むしろ自分に対してや、女性に対しての間違った考え方が、相手を支配するための一連のエスカレートしていく行動につながっています。彼らは支配をしたいと思う自分自身の動機をしっかり理解しておらず、相手を支配するさまざまな行動には、それぞれ特定の理由があると信じているのです（「彼女が何をやっているのか、自分は知っておいた方がいい」といったように）。

どうして女性を手放そうとしない男性がいるのか

モラハラ男はなぜ自分の評判や仕事のキャリアや家族を危険に晒してまでも、別れたがっている女性を手放せないのか

多くの人は、どうして女性が虐待やモラルハラスメントのある関係を続けているのか不思議に思います。次の章では、この疑問について論じていきます。人々は、どうして「男性が」こういった関係を続けるのか、あるいは支配する関係を次から次へと続けるのかとは聞きません。女性は支配する男性に出て行ってもらい、彼が次のパートナーを見つけることで自分に構うのをやめさせようとします。しかし男性はピットブル・テリア犬のように、彼女に必死に喰らいついて彼女を放しません。自分の評判や仕事のキャリアや家族を危険に晒しても、彼女を手放したくないと考えます。なかには支配したい女性と別れるくらいなら、刑務所に入ることや、お金のかかる長い離婚裁判に耐えることを選ぶ人もいます。

これはなぜでしょうか。

●パートナーに依存している

モラハラ男の多くは、身体面（家事、食事、セックス）はもとより、感情面でも女性に頼って生きています。これらの男性は一般に、安全に守られている、完全に満たされているという感覚を求めてパートナーに依存しています。彼らはその女性と絶望の糸で結ばれています。彼らは心に空洞を抱えていることが多く、女性とのつながりが切れてしまうことによって完全な虚無状態になることを恐れています。依存心と傷つきやすさの両方が、彼らを怖がらせ、怒らせます。男性は、パートナーを非難し、彼女の自尊心を奪えば奪うほど、自分自身に「この女性がいなくなったら自分は一体何者なのだ？」と問うのが耐えがたいほど辛いことだと感じています。経済的に女性に依存し、ひとりでは経済的に生きていけないことを恐れている男性もいます。

●失敗を恐れている

女性との関係を続けている限り、彼らは、自分は良い夫だ、あるいは良いボーイフレンドで良い男だと思うことができます。これらの男性のなかには、仕事や人生の別の側面で成功している人もいれば、一方で「負け犬」に見える人もいるでしょう。どちらの場合でも、彼らは別れを自分の評判と自己イメージに対する侮辱と捉えます。彼らは自分のプライドを守るため、自分とは一緒にいたくないと言っている女性にしがみつきます。

●愛情について歪んだ考えをもっている

パートナーといつも一緒にいる習慣、そしてパートナーに感じる性的興奮と感情的なつながりを愛と定義する男性もいます。他の多くの女性と同じように、彼らは永遠の愛、運命の愛、愛はふたりをひとつにするといったロマンチックな恋愛観を受け入れています。この愛に対する考えは、女性が明らかに別れたいと思っている時でも彼女との関係を続けさせようとする原動力になっています。

●支配をしない関係がわからない

モラハラ男のなかには、パートナーだけでなく、子どもや友人や同僚を支配する人もいます。彼らは上司には喜んで従います。すべての他人を階級制度において自分の上か下かに位置づけ、それに基づいて命令を受けたり下したりしています。彼らは対等の関係でうまくやっていく方法を知りません。決断の主導権が自分にあると主張し、女性が離れていくことを「許す」ことができません。彼らはしばしば、「僕が終わりだと言った時に関係は終わるんだ」というようなことを言います。

●他人を傷つけることに喜びを感じている

女性を泣かせたり、震えさせたり、パニックを起こさせたり、傷を負わせたりすることに快感を感じる男性に出会った時、女性はすぐにわかります。時間が経つにつれ、彼は毎回、同じだけの快感を得るために、さらに彼女を傷つけなくては気が済まなくなることも多く、その方法は、彼女を叩いたり、性的暴行を加えたり、彼女の行動を制限したり、言葉で傷つけたりなどさまざまです。

第9章では、女性が関係を終わらせようとする際に多くのモラハラ男が使うストーカー行為やその他の攻撃的な行動について説明します。

4 どうして関係を続けてしまう女性がいるのか

どんな女性も安全ではない

女性の受けた教育、育ち、性格、収入や宗教が何であれ、モラルハラスメントの被害者にならないとは限りません。これらの要素がうまくかみ合えば、関係を断ち切りやすくなるかもしれませんが、絶対に大丈夫ということはありません。

女性は気づかぬうちにモラハラ男の罠にはまってしまう

モラハラ男と出会った女性は、いつのまにか彼の罠にはまってしまいます。一旦、巻き込んでしまえば、モラハラ男は彼女に逃げられないために出来る限りのことをします。一方、罠にはまった女性は自分の人生を取り戻すため、逃げることはもちろん、さまざまな作戦を試みています。

モラハラ男の口説きに弱い女性もいます。病弱な人や、身体的、感情的な不安を抱えている人、知的障害のある人は、相手を支配するつもりでわざと親切にしてくる男性に騙されやすくなります。世間知らずの女性や、家族やカップルについての考え方がモラハラの罠にすんなりとあてはまってしまう女性は、束縛されそうな予感があっても彼の求愛を拒まない傾向があります。住む家がなかったり、不法移民だったり、あるいは経済的な基盤がない女性は特に危険です。また、実家からの独立、卒業、離婚といった人生の大きな転機を迎えている女性は特に攻撃を受けやすいと言えます。モラハラ男は、こういった弱点のある女性を探し、彼女を餌食にします。

以前に被害を受けたことのある女性、あるいは自分の母親が被害に遭っているのを見てきた女性は、自分に危害をおよぼす男性から身を守るのが難しい傾向があります。彼女たちはパートナーが「一線を越えて」虐待的になった瞬間に気づきにくいのです。彼女たちには、愛には暴力と支配がつきものだという考えを当然のこととして受け入れてしまう素地があります。幼い頃に性的虐待を受けた女性も、自分の意思を主張して暴行を受けそうな状況から身を守るのが難しい場合が少なくありません。

貧しい家庭に生まれ、母親の経済的な苦労を見てきた少女は、自分は絶対に良いパートナーを見つける、彼を幸せにすれば、彼は自分と一緒にいて家庭を支えてくれるといった考えに囚われがちです。金銭的な困窮を恐れるばかりに、自分が支払う代償を顧みず、相手との関係を絶対にうまくいかせようという強い気持ちを持っています。

また、アルコールやドラッグ、市販の処方箋薬などを乱用している女性は、筋道を立てて物事を考えることができません。モラハラ男は彼女のこの霧のかかったような精神状態を利用します。彼女にさらにドラッグをやるよう仕向けたり、新しい薬物を勧めたりして、中毒を悪化させようとします。彼女が物事をはっきりと考えられなくなれば、さらに操りやすいからです。同様に、彼女に睡眠を取らせないことで優位に立つやり方もあります。

しかしながら、女性が攻撃を受けやすい要因がいくつかはっきりしたとはいえ、モラハラ関係にある女性は、自分に弱点や精神的な問題があるからこんな関係に陥っているのだと考えてはいけません。私たちはモラハラの被害者を咎めたり、モラハラ男の餌食になったのは彼女の責任だと考えたりしないよう気をつけなければなりません。また、金銭的に裕福で高い教育を受け、自分に自信があり、トラウマのない女性なら被害を防げると考えてはいけません。モラハラ男のなかには、最初から教養のある女性を狙っている人もいます。魅力的な彼女は、彼が利用できる財産を持っているからです。

四五歳のアイヴァンは求職中の元会社員でした。彼はオンラインのデートサービスで、仲介業で成功している三八歳のドーリーンと出会いました。アイヴァンはドーリーンが、結婚して子どもを欲しがっていることに気づいていました。出会ってから一年も経たないうちにドーリーンは、ふたりのために大きなアパートを購入し、アイヴァンに事業を始めるための資金を提供しました。アイヴァンはほとんど仕事をせず、ドーリーンはもとより、すぐに生まれた息子にも興味を示しませんでした。ドーリーンはアイヴァンの世話をし、彼が自分に偉そうな態度を取るのを許していました。なぜなら彼が自分よりも仕事で成功していないことを気の毒に思っていたからです。アイヴァンはドーリーンを感情的に虐待しました。彼女がどれだけ彼に尽くし、彼の要求を満たしても、彼は満足しませんでした。彼は皮肉屋で批判的でした。息子が生まれて以降は、言葉でも身体でも彼女に愛情を示すことはなくなりました。ドーリーンがついにアイヴァンに出て行ってほしいと頼むと、息子の親権を裁判で争うと言って彼女を脅しました。やがてドーリーンは息子の親権を守るため、毎月多額のお金をアイヴァンに支払うことを承諾しました。息子が一八歳になるまで、彼女はアイヴァンを経済的に支え続けました。

頭が良く、プロとして成功している女性は、自分たちの関係をうまくいかせることに強い執着心をもっています。彼女たちは問題を解決することに慣れています。一方、失敗には慣れておらず、難しい問題から逃げることが嫌いです。彼女たちは挑戦し続けてしまうのです。

肝心なのは、どんな女性でも支配される関係に陥る可能性があるということです。身分が保証されていなかったり、経済力がなかったり、または周囲とのつながりのない女性がモラハラ男と別れるためには、さらに大きな努力を必要とします。

ロマンスと愛と混乱した感覚の罠にはまる

モラハラによる支配的な、そして破壊的な恋愛関係も、初めはそのようには見えません。彼は、最初は女性が求めているような、献身的で愛情深く、協力的で、一分一秒でも長く一緒にいたいと思うようなパートナーに見えます。女性は愛やロマンスの感覚に弱く、お互いの情熱が高まり相手に夢中になるにつれ、物事を良い方向にばかり考えるようになります。現実から離れたふたりだけの別の世界に入り込んでしまう人もいるでしょう。時が経つにつれてモラハラ男は、恐れ、愛、恥、依存などの混乱した感情を被害者に感じさせるようになります。混乱した彼女は、彼との関係が悪化しても、彼から離れることが難しくなります。初めて会った頃のような、彼の純粋な愛の眼差しに包まれたいと願いながら、彼を喜ばせようとし続けます。モラハラ男は、彼女のこのロマンチックな衝動と強い感情を利用して彼女を自分に服従させ続けます。

モラルハラスメントにおいては、ロマンスや愛やつながりの瞬間にも残忍さや支配が散在しています。親切で協力的な、光り輝くような日々の間、女性は彼に愛されていると感じます。

彼の親切は、喉の乾いた旅人にとってのグラス一杯の水のようなものです。彼女はそれが欲しくてたまりません。本当に心地がよいのです。時々、彼女に報酬を与えるという彼の作戦によって、彼女は彼の要求を受け入れ、きっとまた彼から愛の報酬をもらえると思い、彼の側に留まります。これは人がギャンブルにのめり込んだり、自分の携帯電話のメッセージや、ソーシャルネットワークのページやEメールを執拗にチェックしたりするのと同じプロセスです。時々、自分が本当に好きなものを報酬としてもらえるのです。モラハラ関係にあっても女性は美しい出来事に目を向け、物事はいずれ良くなると希望を持っています。

近年では、パートナーに対する男性の身体的暴力は周期的に起こるものと考えられるようになってきました。モラハラ男がパートナーに戻ってきてもらおうとするハネムーン期間のあと、また暴力を振るう期間がやってくる。次には、モラハラ男がまるで何ごともなかったかのように、あるいはたいしたことではないというようなふるまいをする。そして次にはまた、女性が彼を刺激しないように努力する緊張感の高い期間が訪れるといった具合です。このプロセスは一般に「暴力のサイクル」と呼ばれます。このサイクルを描いた図は、パートナーの暴力問題に取り組むほとんどの組織のウェブサイトで見ることができます。

たまに見せる親切な行動は、支配を続け、パートナーを引き止めるための作戦である

しかし、モラルハラスメントの観点から見ると、これらの親切な行動には裏の意図があることがわかってきます。繰り返し訪れる、彼が親切にしてくれるハネムーン期間は、怒りと身体的暴力の期間と同じように、相手を支配するための作戦の一部であり、つまりは単なる作戦にすぎません。女性は彼からのバラの花束やキスや褒め言葉をパートナーが変わった証だと信じ、喜んで受け入れるでしょう。しかしハネムーン期間は彼女を引き止めるための策略です。モラハラ男は愛情を示すことが支配を続けるための最善の手段だと信じれば、親切にふるまうことを選びます。確かに彼は純粋に彼女とつながっていたいのかもしれません。彼女を愛しているのかもしれません。しかし仮にそうだとしても、このハネムーン期間が女性に希望を与え続け、さらにその喜びを求めて彼の元に戻って来させる効果があることは事実です。

ロベルタは、二〇年連れ添った夫のアントンは暴力などしていないと言うでしょう。彼は時々、彼女の腕をちょっと強い力で摑むことがありました。そして一〜二カ月に一度は、彼女が傷つくのを知りながら、彼の言う「ワイルドなセックス」を強要しました。怒った時には足を踏み鳴らし、壁に拳を打ち付けることもありました。自分の顔を「彼女の目の前に近づけ」、ゆっくりと大声を上げて彼女を指差し、彼女を冷酷な父親に叱られている小さな女の子のような気分にさせました。たいていの場合、彼女は泣いてしまい、罪悪感に苛まれました。しかし、子どもたちや家族や友人と一緒にいる時など、ふたりには良い時もありました。ひどい仕打ちをした後、アントンはロベルタに花束や褒め言葉を浴びせかけました。彼女の一番好きなレストランにも連れて行きました。彼女をソファーに座らせ、ふたりの結婚式のアルバムを一緒に見ながら、君はいまも僕らが初めて出会った頃、僕がこの女性と生涯一緒にいるとわかったあの頃と同じように可愛らしいよ、と言いました。ロベルタは、絶えず続く恐怖と同時に、彼への愛情と責任感から、アントンとは離れられない関係だと感じていました。

ロベルタのような女性にとって男性の敵意や暴力的な行動に服従することは、あたりまえのことのようになっていきます。彼女は自尊心を保とうと必死になり、パートナーが望むことを何でもすることで自分の安全を守ろうとします。彼の要求に応えることは短期的には彼女に平和をもたらします。しかし長期的には彼女はさらに孤立し、不自由になっていきます。

男性の身体的な、そして言葉による暴力に晒されながら生きている女性のなかには、人質と監禁者の間に生まれるような、トラウマ的な絆を彼との間に感じるようになる人もいます。彼は彼女をつなぎ留めておくのに十分なだけの優しさや喜びを彼女に与えます。大声で怒鳴ったあとには彼女を安心させます。それは彼女にとって途方もない贈り物のように感じられます。彼女は彼の価値観を受け入れ、自分自身の欲求を無視し、自分に危険をもたらす張本人に近づけば近くほど安心を感じます。

被害者とモラハラ男の間には、人質と監禁者の間に生まれるような、トラウマ的な絆が生まれることもある

外からみれば、虐待的な、あるいは過剰な支配をするパートナーから彼女が自由になるべきなのは明らかです。しかしその渦中にいる女性には、状況がちがって見えていることを私たちは覚えておかなくてはなりません。彼女は枝葉末節に目を向けています。彼女はパートナーが総合的に彼女を支配するつもりでいることに気づかず、日々の彼との関係で何がうまくいっていて、何がうまくいっていないのかに目を向けがちです。彼のある行動は彼女を支えてくれている（たとえば体重を減らしたり、時間を有効に使ったりすることなど）ように見えます。彼の愛情の強さ（嫉妬心を表したり、常に一緒にいたがったり）を示しているようにも見えるでしょう。彼の行動は単なる気まぐれか、あるいは彼女の失敗に対する反応に見える時もあるかもしれません。後になればわかることでも、モラハラ関係で悪戦苦闘の渦中にいる女性は、自分の置かれている状況を正しく判断することができません。

時間が経つにつれ、モラハラの被害者は感情が混乱し、考え方が歪み、自失の念や麻痺を経験し、彼から逃げることがますます難しくなります。彼女は疲れ果て、絶望的な気持ちになっています。

似たような状況にいる多くの女性と同じように、ジーニーは絶望感を味わっていたと言います。「彼と一緒にいるのは死にそうな気分だった」と彼女は言いました。「でも彼と別れたら生きていけないと思っていたのも事実だった」

モラハラ男に感情を操られていくうちに、妻やガールフレンドは孤立し、自分で自分に制限をかけるようになっていきます。孤独が深まり自尊心を失うにつれ、パートナーと離れて生きている自分をイメージするのが難しくなります。常に恐れを感じ、自分自身の道を歩き出すための自信を失っています。彼なしには生きていけないと思い込んでいる人もいます。

多くの人は愛と支配と嫉妬の関係を混同しています。相手を深く愛すると嫉妬心が生まれると信じています。そして嫉妬心によって他人を支配するようになるのは当然のことだと考えます。このためモラハラ男が、「君をひとりで町へは行かせない。なぜなら僕は君をすごく愛しているから。他の男たちが君を見るかと思うと嫉妬してしまうんだ」「君のEメールのパスワードを教えてくれないか。そうしたら君が他の男にメールを書いたりしていないことがわかるから」などと言う時、その言葉は正しいように聞こえます。彼女の自分への関心が薄れてきていると感じて、彼は本当に苦しんでいるのかもしれません。もしも女性がこういった束縛はいき過ぎだと反論したら、君を愛しているからこそだと彼は言うでしょう。モラルハラスメントの特徴のひとつは、支配者である男性が現実を定義することにあります。もしも彼がそれを「愛」だと言えば、女性が支配されていると感じても、それは「愛」だとされてしまうのです。

モラハラ男が現実を定義する。もしも彼がそれを「愛」だと言えば、女性が支配されていると感じても、それは「愛」だとされる

ジェンダーに囚われる

現在の女性たちは、どう人生を生きるのかについて種々雑多なメッセージと向き合っています。学校や家族によっては、仕事のキャリアと経済的自立の重要性を強調します。同時に、映画や歌、本や雑誌は、ロマンチックな愛が幸せな生活を送るための鍵だと言います。

ふたりの似合わない人物が永遠の愛を見つけるために大きな障害を乗り越えるといった内容の恋愛コメディ映画は、日常的に作られています。彼女は常に美しく、彼はたいていどこか乱暴で、彼女は彼を自分の夢の男性に変貌させます。こういった映画では、男性の行動は未来の伴侶を困らせ、混乱させますが、やがて誤解はとけ、ふたりは末長く幸せに暮らします。結婚前の恋愛期間に困難が多くとも、彼らには褒美として完璧な愛の夢が与えられます。

「生涯の真実の愛」という考え方に強く傾倒している女性は、モラハラ男との関係に問題が生じた時、自己主張をするのが難しくなります。モラハラ男は、この彼女の恋愛への傾倒を利用し、僕らが衝突するのは彼女が悪い、関係がうまくいかないのは彼女のせいだと言います。彼の言葉と行動はこんなふうになります。「もしも君が僕たちことにもっと心を注いでいれば、君は問題を起こしたりしないはずだ」と。女性は波風を立てないために沈黙を守ってしまいます。

支配する人間は「もしも君が僕らのことにもっと心を注いでいれば、君は問題を起こしたりしないはずだ」と言い、女性は波風を立てないために沈黙を守る

ハンナが二八歳のドレイクと初めて会ったのは、二〇歳の大学三年生の時でした。彼は彼女がアルバイトで働くカフェのマネージャーでした。ドレイクはハンナをダンスに誘いました。ふたりはとても気が合いました。ドレイクは、自分は古風な人間なのでセックスは結婚するまでとっておきたいとハンナに言いました。デートの帰りに彼女を学生寮まで送った時、彼は彼女に短い情熱的なキスをしました。

すぐにふたりは毎週末、夕方を一緒に過ごすようになりました。四カ月後、ドレイクは花束を手に片膝をついてドラマチックにハンナにプロポーズしました。ハンナは承諾し、一カ月後、ふたりは小さな結婚式を挙げました。ハンナが大学の学位を取るまでは子どもをもつのを待とうと決めていました。

結婚式のあと、ドレイクは変わりました。彼女の勤務時間を自分がカフェにいる時だけにし、ふたりがほとんどの時間一緒にいられるようにしました。ある時、ハンナが放課後、いつもよりも遅い時間に帰宅すると、彼は機嫌が悪くなりました。彼には連絡をし、姉妹と一緒にでかけると言っていたにもかかわらずです。彼は彼女に夜遅い時間にでかけて欲しくない、そしてアルコールは彼と一緒の時以外は飲んで欲しくないと言いました。また、ある日ハンナは洋服がいくつかなくなっていることに気づきました。ドレイクに聞くと自分が捨てたと言います。結婚したのだから「ふしだらなドレス」は必要ないのだと。

ドレイクは自分の携帯とソーシャルメディアのアカウントのパスワードを教えると言い、彼女のものも自分に教えるように要求しました。ハンナが拒否するとドレイクは彼女を「パラノイド」と呼び、自分たちの結婚への決意を問いただしました。

現在でさえ多くの文化圏において、人生における女性の一番大切な役割は男性のパートナーとして生き、子どもを育て、幸せな家庭を作ることだとされています。多くの女性が圧迫感や苦悩や不安感に絶えず苛まれながら、この役割に真面目に取り組んでいます。そうすれば自分が負け犬だと感じないで済むからです。幼い頃からの女性の社会との関わり方を知ることは、女性がなぜモラルハラスメントを許容してしまうのかを理解する手助けになります。女性は関係を成功させ、自分のパートナーを幸せにするために一生懸命努力します。

男性のなかには、女性であることの意味に関するこういった考え方を自分に有利なように歪めて解釈する人もいます。モラルハラスメントが文化のちがいによって表れ方が異なる一方で、女性パートナーに対する男性支配は、どんな文化圏においても完全な間違いとはみなされません。モラルハラスメントは地球上の多くの女性たちが直面している「文化的な標準」の極端なバージョンなのです。その「標準」とは、女性よりも男性の快適さや達成や性的満足が優先される価値観です。

人の世話をすることの罠

モラハラ男は自分を被害者だと考え、女性の同情や哀れみを誘おうとします。なかには過去に苦しみを抱えている人もいます。実際、過去に辛い経験をしている男性も多く、これは注目すべき事柄とも言えるでしょう。しかし、モラハラ男はたいていの場合、他人を責めるばかりで、自分の行動や失敗に責任を取る人はほとんどいません。

モラハラ男の多くが自分たちを被害者だと考え、パートナーの同情や哀れみを誘っている

モラハラ男に巻き込まれた女性は、彼の話を本当だと信じてしまいます。彼女は彼の過去の失望を埋め合わせようとして彼の世話をし、彼の幸せに自分を注ぎ込んでいきます。彼は彼女に、自分が必要とされていると感じさせます。人が何と言おうと、彼が問題を克服し、自分の可能性に気づく手助けが私にはできると彼女は信じています。彼女は彼を気の毒に思っていて、彼が苦しむのを見ていられません。いつのまにか彼女は、彼を元気づけるために自分の幸せを犠牲にしてしまっています。

シャーナがホルヘに出会った時、彼はふたりの小さな子どもの世話で押し潰されそうになっているように見えました。彼によれば、子どもたちはドラッグ中毒の母親に見捨てられたといいます。シャーナは週に二回、彼が残業の日の夕方にホルヘの子どもたちの子守りをするようになりました。やがてすぐに、ホルヘが「息抜きが必要だ」と言って夜に友人とでかける時も、子どもたちと一緒に過ごすようになりました。ホルヘは仲間たちと過ごした夜には、ほろ酔いで帰ってきて彼女にセックスを迫りました。シャーナはホルヘと彼の子どもたちを愛していました。しかし、自分の状況が苦しいからと言って彼女に「もう少しの支援」を求め続けるホルへの子守りや料理人、そしてセックスワーカーになっているように感じ始めました。ある日、ホルヘが家にいない時、子どもたちの母親のシンディから電話がかかってきました。シンディはシャーナに自分は子どもたちを心から愛していて、どうしても一緒にいたいと思っているのに、ホルヘと彼の弁護士に負けてしまったのだと言いました。シャーナはこの話に動揺し、ホルヘが自分に言ってきたことのどれだけが本当なのかと疑い始めました。

シャーナのように、女性は恋に落ち、男性を信用するようになると、彼の幸せと成功を自分自身の課題にしてしまうことがあります。自分には彼が人生を変える手助けができると思い込んでいます。彼が自分だけに見せてくれる一面があることから、私は他人が気づかない彼の良さを知っている、彼はただ、少し支援が必要な、善良な人間なのだと彼女は信じています。彼を傷ついた人間として見ていて、彼に問題に巻き込まれて欲しくないため、彼を警察に通報したり、誰かに虐待や支配について話したりするのを躊躇します。

確かに多くの女性が、人生を変えるような重要な決断をしようとする男性の手助けをしています。しかしその男性が自分の行動に責任をもたず、他人を責めるばかりだとしたら、彼の状況が変わる可能性は低いでしょう。男性の人生の手助けをするために、女性は自分の幸せを犠牲にしてはなりません。

女性はまた、以前のパートナーの両親や子どもたちの世話をする場合がよくあります。モラハラ関係を終わらせるためには、自分が愛情を感じるようになった子どもたちや彼の親戚との関係を断ち切る必要があります。世話をする人間として育てられた結果、多くの女性はこういった絆を断ち切るのが困難になっています。

状況や事情の罠にはまる

モラハラ行為を受けている女性は、自分が置かれた状況や事情に囚われているのであって、彼女の性格にすべての原因があるわけではない

モラルハラスメントの全体像を見る時、被害者の考えは全体のほんの一部を説明しているに過ぎません。モラハラ行為を受けている女性は、自分が置かれた状況や事情に囚われているのであって、彼女の性格にすべての原因があるわけではありません。関係を続けるという決定は、彼女の手だけに委ねられているわけではないのです。パートナーに経済的、あるいは別の分野で依存している女性もいて、自分自身で新しいスタートを切り、新たな人生を生きることなど無理だと思っている女性もいます。特に子どもがいる場合、社会には女性がひとりで生きていくための支援がありません（これらの支援不足は、手頃な価格の住宅、保健医療、有給の出産休暇、家族休暇、育児助成金、生活賃金の保証、同一労働同一賃金などが含まれます。これらのすべてのサポートは女性の経済的自立を助けます）。裁判所が被害者を支持する裁定を下し、「すべてが彼女のために動いている」ように見える時でも、モラハラ男には制度を巧みに操る力があります。モラハラ男が養育費の支払いを長期間遅らせることで、被害者がホームレスになったり、絶望して彼の元に戻ったりすることもあるのです。

パートナーとの関係を解消しようと思い始めた女性が大きな社会的圧力に直面し、ゴシップの標的になるのを恐れることもあるでしょう。子どもたちには何があろうと父親が必要だと信じ込まされてしまうケースもあります。モラルハラスメントの知識のない宗教指導者は、女性に大きな悪影響が及ぶことに配慮ができず、モラハラが存在する結婚生活に留まることを強要する可能性があります。

モラハラ関係に陥った女性のなかには、別居や離婚によって家族やコミュニティや子どもたちから疎んじられることを恐れる人もいます。育ってきた文化環境や宗教上の考え方が、女性が結婚を終わりにする、あるいはパートナーに反抗するのを難しくします。女性のなかには、関係を終わらせたら国外追放される、ホームレスになる、子どもたちの養育権を失うと脅されている人もいます。軍人の扶養家族の女性は、離婚をしたら住宅や健康保険、子どもの学校や年金を失うことになるかもしれません。

アニーとガブリエルは、お互いが陸軍の現役軍人同士として働いている時に出会いました。結婚してからも、ふたりとも軍の仕事を続けました。子どもを持とうと決めた時、アニーは問題に直面しました。それは、夫は航空学校へ通ったため、あと八年間は陸軍をやめられないこと。軍人は何カ月もの間、家から離れた場所に配属される場合が多いこと。軍が配偶者の同じ場所への配属を保証していないことなどです。

アニーは家族のために軍を退職し、子どもたちと家に留まりました。すぐに彼女の地位は、軍の将校から軍の「扶養家族」となり、彼女は自分が夫との間で自由に物事を決める権利を失っていることに気づきました。

アニーは何年もの間、ガブリエルの怒りの言葉や侮辱や支配に苦しめられてきました。彼の複数の浮気が発覚した時でさえ、アニーは彼と一緒にいなくてはならないと感じていました。米軍基地という狭い窮屈な世界に住み、夫が将校という立場にいるアニーは、自分には幸せな家族という幻想を維持する義務があると考えていました。誰にも相談せず、平和な家庭を守ろうと努力し、また、夫の行動が彼のキャリアに悪影響を及ぼさないようにしていました。もしも二〇年間の軍務を終える前にガブリエルが軍を辞めたり、除隊させられたりしたら、家族全体が収入と年金、そして健康保険を失うことになるのです。

子どもたちが一〇歳と一二歳になった時、アニーは、夫の行動を外に隠すことはできても、子どもたちには隠せないことに気づきました。息子の成績は下がっていき、彼もまた怒りを爆発させるようになっていました。娘は内気になり、精神的に不安定になっていました。

自分自身と子どもたちがガブリエルと軍の扶養家族としての生活から脱け出すには、相当な勇気を持たねばなりませんでした。当時、彼女は仕事をしていませんでしたが、幸運にも軍隊での訓練経験を評価してくれる仕事を見つけ、自分自身の健康保険と定年後の年金資格を得ることができました。他の軍の扶養家族には、さらに少ない選択肢しかありません。

暴力と脅しの罠にはまる

もしもモラハラ男と別れたら、経済的なストレスに加え、彼から暴行されたり、殺されたりするのではないかと女性は恐れています。実際、女性が男性パートナーに殺される可能性は、彼と関係を解消しようとする時が最も高いと言われています。それゆえ、モラハラ男から離れるよりも一緒にいる方が安全だという判断は、その女性の置かれた状況を正しく説明していると言えます。安全に関係を終わらせるためには、詳細にわたって安全な計画を立てる必要があります。過去に実際に暴力を受けた事実よりも、モラルハラスメント(脅し、強姦、絶え間ない嫉妬)の歴史があるかどうかの方が、別れる際に彼が暴力を振るうかどうかを予測するより正しい判断基準となります(227頁の「致命度。死の危険性を評価する」を見てください)。モラハラ男たちは自分の意思に反してパートナーとの関係を取り上げられることが耐えられません。なかにはその報復として暴力的な行動にでる者もいます。

女性がモラハラ男との関係から何度、逃げようとしても、彼はそれを許しません。彼は彼女を見つけ出し、脅し、激しく殴り、レイプし、彼女を破産させます。それまで一度も日々の生活で子どもに関わってこなかったとしても、自分に子どもの養育権を与えるよう裁判所を説得しようとします。他人を味方につける能力とネットワークを使って、法律システムや警察を操る男性は数多く存在します。友人や家族や雇用主も、彼の社会的な圧力を使った作戦によって自分たちが操られているとは気づかず、彼の意見を支持し、彼女を非難することもあります（258頁「関係を終わらせる」を見てください）。

手に負えない問題を解決する

モラハラ行為を受けている女性は、支配や虐待を喜んで受け入れているわけでも、黙認しているわけでもありません。一旦、このような関係にはまってしまったと感じた時、ほとんどの女性は、状況を改善し問題を終わらせるためにできる限りのことをしています。何度も逃げ出そうとするのが普通です。仮に相手との関係に留まっているとしても、被害を受けることに納得しているわけではありません。

モラハラの被害者は平和を保とうと努力し、家族を守るためにモラハラ男の要求に従っている

モラハラの被害者は状況に耐えながら、自分と子どもたちを守るためにできることをやっています。たいていの場合、パートナーの要求に従います。たとえその要求がさらに過酷で困難なものになったとしてもです。彼女は、もしも希望をもう少し上手に満たしてあげれば、彼は満足してもっと優しくなるかもしれないと考えながら、彼を喜ばせ続けようとします。また、彼が間違っていること、求めすぎていることを理解してもらいたくて、彼を説得しようともします。彼女は自分自身の期待のハードルを下げることによって失望感に対処し、希望を持ち続けます。時が経つにつれ、モラハラ男が彼女を支配する必要はほとんどなくなっていきます。常にプレッシャーをかけなくても、彼女は彼の制約に順応することを学んでしまっているからです。

グレースは、自分がもっと上手にやれば、批判的で要求の多い夫のアーサーを喜ばせることができるはずだと、何度も心に誓いました。料理教室に通い、子どもたちを行儀良くしつけました。ダイエットをして、アーサーの好みの服を着ました。常に感じの良い態度

を心がけ、楽しい家庭の雰囲気を作り出そうとしていました。前向きな気持ちを見せることが、アーサーはもとより彼の親戚や教会の人々を喜ばせると知っていたからです。
何年も頑張ってきましたが、グレースの努力は失敗に終わりました。アーサーは褒めてくれる時もありました。しかし彼はことあるごとに彼女を非難し、さらなる要求をし、彼女がそれに応えていないと感じると罰を与えました。カップルになったばかりの頃、アーサーはグレースに自分の許可なしに出かけることを禁じました。時が経つにつれグレースは外出を怖がるようになり、彼と一緒の時以外は出かけなくなりました。アーサーはもはやグレースの行動を制限する必要はありませんでした。怖がる彼女を子どもたちの前で嘲笑うようにもなりました。グレースの不安感は、彼の思い通りに、彼女を家に閉じ込めました。

モラハラ男は多くの場合、妻やガールフレンドに「彼女が」悪いことをしていると信じさせようとします。彼の論理では、彼女が自分自身でやっていることなのだからその責任は彼女にある。どれだけ批判されても、罰を与えられても当然だということになります。彼女は後になって自問自答し、彼からの非難を防ぐ方法を考え出そうとし、行動を改めようとします。これに対して彼はあいまいな返事をするか、あるいはまるで彼女のためを思っているかのような前向きなコメントを返したりします。モラハラ関係にいる女性は、パートナーの怒りを買わないように、自分の気持ちをできるだけ穏やかに表現しようとする傾向があります。彼女はどうすればパートナーを怒らせずに済むのか繰り返し考えています。そしてその作戦が失敗するとがっかりします。結局、彼は何らかの理由で腹をたてるか、彼女に失望するかに終わるのです。モラハラ男を喜ばせようと努力している彼女は、彼の考えを受け入れ、承諾しているように見えます。しかし実際は、彼女はなんとかうまくやろう、あるいは暴力と支配を終わらせようと一生懸命努力しているのです。

モラハラ男は、悪いのは被害者で責任は彼女にあると信じさせようとする

支配されるなかでの毎日の抵抗

ほとんどの女性は大きなプレッシャーのなか、自分の置かれた状況をなんとかしようと勇敢に戦っています。そして多くの女性が、モラハラ男から逃げる、あるいはモラハラ男を追い出す努力を続けています。

モラハラ被害者のほとんどが、自分の置かれた状況を受け入れていません。一時はモラハラ男の現実に巻き込まれてしまい、自分の意思がどのように制限されているのか気づかないこともあります。しかし何カ月か何年か経つにつれ、彼女たちは居心地が悪くなり、自分らしさを

感じられる場を求めるようになります。孤立している場合は、友人を作る手立てを探すようになります。モラハラ男は、まるでいたちごっこのように、そういった付き合いを排除しようとします。

モラハラ被害者の多くは「セーフティゾーン」を作り、自分の自由を守る、あるいは取り戻すために大変な努力をしています。そのセーフティゾーンとは、自分らしくいられる現実の場所であったり、自分に価値があると感じられる人間関係であったり、自分を表現できる趣味であったり、モラハラ男の願望をこっそりと拒むことだったりします。

たとえば孤立した女性は、使い捨ての携帯電話や会社の電話を使い、モラハラ男に自分のすべての連絡を把握されないようにします。お金を貯めておき、隠れて「許可のない」買い物をします。郵便局に私書箱を作ったり、日記を書いたり、密かに避妊薬を飲んだり、彼にはわからないような場所で友人と会ったりします。

ベティは夫に内緒でオンラインコースで大学の学位を取得しました。これで彼女はモラハラ男との関係から逃げ出したあとに頼れるキャリアをもてるようになりました。

リンは自分の怒りと苦しみを芸術作品で表現していましたが、夫には無邪気な趣味にしか見えませんでした。

アナスタシアは毎日数時間、エクササイズをしていました。体を鍛えることは、健康と力を感じさせてくれました。彼女の人生はさまざまな面で夫に支配されていましたが、自分自身の身体は自分のものだと感じることができました。

ヤン・ヒーは会話やEメールに韓国語を交えていました。ボーイフレンドが自分のコミュニケーションを監視しているのではないかと疑っていて、そうすれば彼がいらいらするのを知っていたからです。

シンシアは幼い頃から料理や家事をしている時にゴスペル音楽をハミングしていました。ハミングは幸せだった頃のことを思い出させてくれて、いつか自由になれる日が来ると信じ続ける手助けになりました。

タニアは育児補助のウェイティングリストに自分の子どもたちの名前を載せていました。子どもたちが受け入れられてすぐに彼女は夫のもとを去りました。

ジョージアは時々、密かに男友だちと会ってコーヒーを飲んでいました。ふたりは浮気をしていました。時には罪悪感を感じましたが、自分を褒めてくれる男性と会うことは、彼女が人間らしさを保つための唯一の方法でした。

これらの例はどれも内容は全然ちがいますが、過酷な状況に置かれた人々が、ヒマワリの花が太陽の方向を向くように自由に向かっていく姿を表しています。

自分をひとりの独立した人間として考え、行動することは、人としての活動の一部です。確かに文化圏によって独立と相互依存に対する価値は異なるでしょう。多くの文化圏において、女性は伝統的に自分よりも夫や父親や男兄弟の意向を優先することが期待されています。しかしながら、奴隷のような状態にあっても、男女に関わらず、すべての人間は自分自身であるという感覚を失わないように懸命に努力しています。他人に支配されている時、そしてその他人が夫や上司や軍の指揮官、あるいはポン引きなど誰であっても、女性は心の中で歌を歌い、思い出を呼び戻し、夢を見ることで「これが自分なのだ。これが『私』だ」という感覚を持ち続けることができるでしょう。

モラルハラスメントの被害者は自分を消し去ることはありません。

PART 3

LGBT、男性、ティーンエイジャーが受けるモラルハラスメント

本書はモラルハラスメントを受けているすべての男女、あらゆる性的指向の持ち主、およびすべての年齢および文化背景を持つ人々のために書かれています。しかしながら、モラルハラスメントは、被害を受ける個人が自分をどう認識しているか、そしてその人の生い立ちや環境によって異なる様相を見せてきます。次の二つの章では、LGBTや、女性からモラハラ被害を受けている男性、ティーンエイジャーの被害者に焦点を当てて論じていきます。

5 ジェンダーのちがいとモラルハラスメント

モラルハラスメントの関係では、男性が女性を支配するのが一般的です。これはほとんどのカップルが異性愛（ヘテロセクシャル）であり、男性による女性支配を社会が支持しているからです。しかしモラルハラスメントは、この典型的なケース以外の状況でも存在しています。本書では、ほとんどの例において「彼」「彼女」という代名詞を使っていますが、関係や性別のちがいに関わらず、あらゆる人々に適用できるように書かれています。この章ではレズビアン、ゲイ、バイセクシャル、トランスジェンダー、それに女性が男性にモラハラ行為をするヘテロセクシャルのカップルの関係について述べていきます。

モラハラ被害を受けているLGBTの人々

モラハラ関係においては、一方が相手の考えや感情や行動を支配しようとします。モラハラ加害者は自分の思い通りに物事を進めるために相手を脅したり、相手に罰を与えたりします。ヘテロセクシャルの関係では、伝統的に男性から女性に対するモラハラが起きやすい状況にあります。多くの人は、同性愛のカップルには男女の役割に対する固定観念や歴史がないため、「自然に」もっと平等な関係だと考えがちです。しかし同性愛カップルにおいても、パートナーにモラハラ行為をおこなう人間は存在します。トランスジェンダーの人々（伝統的な男女の枠組みにおさまらない人々）は、ゲイやレズビアンの人々と同様にさまざまな点で攻撃を受けやすいと言えます。社会的弱者の烙印を押された人々の一員である彼らに対して、パートナーが支配力を振るうことがあっても不思議はありません。

モラハラ被害を受けているLGBTの人々は、特に孤独な状況に置かれている

モラハラ被害を受けているLGBTの人々は、特に孤独な状況に置かれています。親から勘当された人や、自分の性的指向や性同一性（ジェンダー・アイデンティティ）を秘密にしてい

ることで家族の支援を受けられない人もいるでしょう。小規模のＬＧＢＴコミュニティで生きている場合は、モラハラ加害者である前のパートナーから離れて新しい人生をスタートするのは難しくなります。定期的に前のパートナーや、その人の親しい友人と偶然に会ってしまうからです。

モラハラを受けているＬＧＢＴの被害者が自分のコミュニティの中で助けを求めても、暴力や支配はヘテロセクシャルの関係にしか起きないものだとして、友人から問題を無視されたり否定されたりすることもあるでしょう。

サリータは一〇年間パートナー関係にあったブレンダと暮らしていました。四年の間にサリータは、ブレンダと一緒に育てる計画でふたりの子どもを出産しました。サリータは、以前は教師として働いていましたが、幼い子どもたちと一緒に家にいるべきだとブレンダから説得されました。二人目の子どもが生まれて間もなく、ブレンダは仕事帰りにバーに寄り、酔って家に帰ってくるようになりました。恋愛や性的な関係であることは否定しましたが、ブレンダは前のガールフレンドと一緒に時間を過ごすようになりました。サリータが心配事を話題にしようとすると、ブレンダは決まって「口やかましいわね」と彼女に言いました。ある時、ブレンダは彼女に「私は出て行くわ。引き留めるなら、あなたを引っ叩くわよ」と言い、出て行ってしまいました。しかし翌日の夕食の時間には、まるで何事もなかったかのような顔をして帰ってきました。サリータのレズビアンの友人のなかには、彼女の味方になってくれる人もいましたが、ただ笑って、別に驚くことではないでしょうと言う人もいました。ブレンダは「たいていの男性よりも男らしい」のだから、それくらいのことは予測できたでしょうと。

モラハラ行為や虐待を受けているLGBT被害者が、他のLGBTの人々に相談をしても、黙殺されてしまうことがあります。支配や暴力について語ることは、すでに迫害されているコミュニティにさらなる固定観念を植えつけ、否定的な注目を集めてしまう可能性があるからです。

レズビアンの人々のなかには、パートナーのモラハラ行為に気づきにくい人もいます。レズビアンの関係は「自然に」平等主義だと考えられています。自分が相手の女性から被害を受けていると感じても、彼女はまず自分の認識を疑います。支配をする男性などいないのに、どうやって被害者になるのだろうと不思議に思うのです。またレズビアンの人々は、自分たちの関係において、特に性的な抑圧に疎くなっています。なぜなら性的な不正行為を犯すのは男性だと相場が決まっていると思われているからです。

LGBTの人々に対する社会の偏見によって、モラハラ被害者たちは、さらに弱い立場に追いやられています。被害者が自分の性的指向やジェンダー・アイデンティティを公にしていない場合、モラハラ加害者は、自分の言うこと聞かなければ「ばらしてやる」と脅し、被害者の仕事や友情をリスクに晒すことができます。LGBTの子育てでは親の権利が明確にされていないことから、モラハラ加害者は一緒に育てている子どもに会わせないと言ってパートナーを脅すことができます。同様にLGBTの関係では資産の権利も正式に定められていないため、自分のパートナーを操るために経済面での脅しもかけられます。もしもパートナーの一方が不法滞在者の場合、モラハラ加害者は移民局にビザのステータスを通報すると脅すことができます。

LGBTの人々は、しばしば、本来なら自分を助け、守ってくれるはずの人々、すなわち警察、裁判所、教育者、精神科医や医療の専門家たちなどから不当な扱いを受けています。この差別の歴史が、彼らが関係機関に助けを求めるのをさらに難しくしています。さらにLGBTカップル間の暴力の被害者への対応を専門とするサービスは見当たらないのが普通です。DV被害者のためのシェルターは、同性愛関係で傷ついた人々のニーズに対応できていません。レズビアンの被害者を受け入れるシェルターはありますが、男性やトランスジェンダーの人々を受け入れる施設はありません。

サイコセラピストや宗教指導者や家族がこれらの問題に無知なことも多く、カップルの関係が失敗すると、性的指向やジェンダー・アイデンティティの問題を、ここでもう一度考え直したらどうかと被害者に迫ってきます。しかしながら、問題は個人の性的指向やジェンダー・アイデンティティではなく、その支配関係にあります。

普通のカップルと同じように、お互いの身体の大きさや腕力や能力、年齢、社会的地位や財産が大きく違った場合、ＬＧＢＴの人々はモラハラの攻撃を特に受けやすくなります。カップルの一方がお金持ちであるとか、あるいは何らかの方法で相手より力を持っているというようなバランスの悪い関係は、付き合い始めた時からふたりの関係の「前提」とされていたことでしょう。少なくとも最初は、力の弱い方のパートナーは、もう一方のパートナーの財産や地位から恩恵を受けられてラッキーだと思うかもしれません。しかし時間が経つにつれ、力の違いは虐待的な支配、即ちモラハラ行為として表面化します。

大学の美術史のクラスの教師である四五歳のスティーヴに出会った時、ケヴィンは一九歳の大学生でした。ふたりは恋人同士になりました。スティーヴはすぐに有名建築家がデザインした自分の家に引っ越してこないかとケヴィンを誘いました。ケヴィンは大学の寮を出て家賃を支払わずに暮らせることを喜びました。その後二年の間に、ケヴィンはスティーヴとの暮らしが高くつくことに気づきました。スティーヴは、ほとんどの料理や、掃除、洗濯のすべてをケヴィンがやるものと考えていました。自分が求めるすべての性行為を毎日ケヴィンが受け入れるものと思っていました。ケヴィンが友だちを家に呼ぶことも許しませんでした。スティーヴの友人が訪ねてきた時は、ケヴィンが皆のために料理をし、もてなすことが当然とされていました。ケヴィンは、スティーヴの友人たちが自分のことをまるで愛人のように扱い、笑っているのではないかと感じました。スティーヴはふたりの関係について話し合ったり、状況を変えたりする気はありませんでした。実際、時の流れとともに、スティーヴのケヴィンへの要求や、ケヴィンの自由への制限は、さらに厳しいものとなっていきました。最終的にケヴィンは、スティーヴから何の説明もなく出て行ってくれと言われました。ケヴィンはこの数年間、自分はスティーヴのおもちゃにすぎなかったのだと感じました。

ＬＧＢＴの人々のなかには、男役と女役に分かれるカップルもいます。パートナーのひとりが仕事をしてゴミ出しをやり、もう一方は家にいて料理や掃除をし、給料を稼ぐ人間の性的欲望を満たすといった具合です。双方が自由で満足している限りは、こういった関係が本質的に間違っているということはありません。問題は一方のパートナーが相手を搾取し、罠をかけ、脅し、虐待し、支配する時に起こります。

ゲイの男性は、相手との関係に性的な抑圧や搾取や虐待があることに気づきにくい傾向があります。積極的に実験的な性行為をすることが期待されているゲイ男性のコミュニティもあります。モラハラ加害者は、君は楽しむことに対して「保守的すぎる」と言い、自分の支配を快楽の探求という言葉で覆い隠し、パートナーの限界を超えさせることができてしまいます。

この章で論じてきたレズビアン、ゲイそしてバイセクシャルの人々の困難は、トランスジェンダーの人々にとっては、さらに厳しいものになるかもしれません。友人や家族や雇用主に「ばらされる」ことは、自分のステータスを隠してきたトランスジェンダーの人々にとって大きなリスクとなり、モラハラ加害者にさらなる支配の手段を与えます。コミュニティによっては、トランスジェンダーの人々は、彼らがただ、トランスジェンダーであるという理由で、パートナーと一緒に育ててきた子どもの養育権を失う可能性もあります。またトランスジェンダーの人々は、彼らを受け入れてくれる恋人を探す困難にも直面します。このため、もしもパートナーが「他の誰もおまえのことなど愛さない」と言えば、トランスジェンダーの被害者はそれを本当だと信じてしまい、モラハラ加害者の罠にはまってしまいます。

LGBTのモラハラ被害者は、同様の状況に置かれた女性たちと同じように自由の道を模索しています。第4部で説明する提案は、性的指向やジェンダー・アイデンティティに関わらず、すべてのモラハラ被害者の役に立つはずです。

男性パートナーにモラハラをする女性たち

モラルハラスメントと親密なパートナーへの暴力が起きる時、ほとんどの場合、モラハラを受けるのは女性で、虐待するのは男性です。* それでも時には女性が、暴力の有無に関係なく、計画的に男性パートナーを支配することがあります。伝統的な性別役割（ジェンダーロール）の影響を受けない女性側からのモラハラ行為においては、加害者の女性が、社会的地位が高い、財産がある、あるいは身体的能力が勝っているなど、何らかの決定的な優位性をもっている場合がほとんどです。妻が貧乏から「引き上げてくれた」と感じている男性が、女性の支配に従うこともあるでしょう。男性がたまたま人一倍優しく親切な性格で、パートナーがその優しさを利用しているケースもあります。あるいは男性が身体的あるいは精神的な障害を抱えているという弱さから女性に従ってしまう場合もあります。

ジェロームは自動車事故によって車椅子の生活を余儀なくされていました。下半身が麻痺し、腕と手の指を最低限、動かせるだけの状態でした。コンサートの会場で彼はアイーダと出会い、自分を情熱的に愛してくれる彼女と恋に落ちました。しかし彼女は「怒りっぽい性格」でもありました。初めて会ってから一週間もしないうちに、彼女は彼のアパートに引っ越してきました。彼女はすぐに家事を取りしきるようになり、ジェロームは障害年金の小切手を彼女に渡すようになりました。ジェロームは、まるで囚人になったような気持ちになりました。彼を助けるために来てくれていたヘルパーを彼女がキャンセルしたことで、彼は孤立してしまいました。小切手にサインをすることなど彼女が頼んだことをやらないと、お風呂に入れてもらえなかったり、食事や水や飲み物をすぐに出してもらえなかったりします。彼女は、あなたは「立ち上がることすらできない」のだから、価値がない、人間以下だと言ってジェロームを罵り、彼に屈辱を与えました。障害を抱えているジェロームは、身体的にも精神的にも、そして経済的にも女性に支配されていました。

男性のなかには、他に選択肢がないと思っているか、あるいは相手と破局したら子どもに会えなくなるなど、失うものが多すぎるといった理由でモラハラを許容してしまう人もいます。ふたりの関係が典型的なジェンダーロールの枠におさまらないため、自分が虐待的な関係にいることに気づかない可能性があります。女性から支配の対象となっていることが恥ずかしくて助けを求められない人もいるでしょう。

次に紹介するのは、女性が威張っていて男性を虐待しているカップルの一例です。力関係の不均衡はありますが、モラハラの基準をすべて満たしているわけではないことがわかります。

＊ ヘテロセクシャルの関係で女性が力を示す場合、モラハラの特徴である脅迫や孤立といった手段が使われることはめったにありません。女性パートナーに支配されている男性が恐怖を感じながら生活しているといった報告はなく、医療機関に頼らねばならないような状況もめったにありません。ヘテロセクシャルの関係にいる女性が身体的な力を使うのは、カップル間の喧嘩か、支配や虐待に対して暴力的に抵抗をする時です（67頁を見てください）。稀ではありますが、以前の関係で暴力に苦しめられた経験を持つ女性が、心の問題を解決しないまま新しい関係を始めた場合に暴力的になることがあります。

エクアドルで専門職に就く家庭の出身のホセは、大学で履修していたクラスでリタと出会いました。一年後、ふたりは婚約しました。ふたりとも両親の家から自分たちのアパートに引っ越せることを喜んでいました。お互いプロとして仕事ができるようになるまで子どもを作るのを待つことでも意見が一致していました。

結婚し、引っ越しが終わると、リタはふたりのお金を同じ口座で管理しようと言い出しました。リタは家計費をふたりの共同口座から支払い、ホセには毎週月曜日に少しの小遣いを渡しました。彼女は彼がどこにいるのかを探るようになり、時には仕事帰りに待ち伏せをして、彼がオフィスの建物から出る際に誰と話をしているのかを確認することもありました。

リタは人前では笑顔で体裁よくしていますが、ホセに対しては侮辱的な言葉を囁いたり、小声で命令したりしました。ホセは苛立ちを感じ、動揺もしましたが、身体的な脅しは感じませんでした。一度、彼が運転しているときにリタが拳でホセを叩きはじめ、彼のメガネが飛んだことがありました。ホセは車を停め、彼女に「二度と僕を叩くな」と言い、彼女はそれに従いました。

ホセはリタと争い合うこの状況があまりにも恥ずかしくて、誰にも言うことができませんでした。自分が結婚した可愛らしい女性は、明らかに消え去っていました。彼は物事が良い方向へ向かうよう祈っていました。二年後、悲惨なバケーションの後、リタは彼に妊娠したことを告げました。ホセはふたりの娘が中学生になるまでの一〇年以上、この結婚生活を続けました。

この例に登場する男性は、妻から何らかの支配や虐待を受けています。しかしホセはリタを恐れてはいません。彼は許容の限界点を設定することができました。彼女は大声を出したり、セックスを拒否したりする以外は、彼に罰を与えませんでした。リタはホセの使うお金を支配していましたが、彼は孤立していたわけではありません。彼は仕事を続け、仕事と、サッカーを通じて育んだチームメートとの友情によって自尊心を取り戻すことができました。

ジェンダーロールに対する社会的な通念が女性にとって有利ではないため、女性が男性パートナーに対して完全なモラルハラスメントの状況を作り出すことは稀だと言えます。

6 ティーンのモラハラ被害者

この章は、ティーンエイジャーが受けているモラルハラスメントに焦点を当てています。ティーンのなかには、一二歳か一三歳といったかなり幼いころからこうした関係に晒されている子もいます。十代の子どもたちは、自分よりも少し年下、同じ年齢、少し年上、あるいはかなり年上の相手から被害を受ける可能性があります。年齢差が大きい場合、若い子の立場が弱くなる可能性が高くなります。

十代前半の子どもは通常、親や保護者と一緒に住んでいるので、大人に比べれば他人からの支配の程度は限られます。支配を受けるのは生活の一部で、全面的に生活が支配されることはありません。また、ティーンの関係は移り変わりが激しいため、交際期間も短くなり、支配や孤立が深まることはありません。結果としてティーンの関係には支配的な特徴が表れることは多いものの、完全なモラルハラスメントの状態になることはめったにないと言えます。それでも被害者は深刻な傷を負います。

しかし、もちろんモラハラの完全な被害者になってしまうティーンもいます。モラハラは十代の子どもたちの人生を、何カ月、あるいは何年にもわたって惨めなものにさせ、長期的に非常に有害な影響を与えます。初めての異性との関係がそのような悲惨なものだった場合、ティーンたちは親密な関係とはそういうものだと学んでしまい、同じパターンを生涯繰り返すことになるかもしれません。また、若い頃にこういった支配的な関係を経験してしまった結果、自尊心の低さ、摂食障害、性行為感染症、傷害、妊娠、高校中退、早い結婚、薬物等の中毒、法的な問題や心の障害など、長期にわたって続く問題を招いてしまう場合もあります。

ティーンの弱さ

一般にティーンエイジャーは、恋愛経験や性体験が少ないと考えられます。このため、健康的な関係と問題のある関係の違いを理解するのが難しくなります。何かが間違っていると思っても、彼らは自分の中に生まれたその感覚が、何なのかわかりません。特に十代の女の子は、争い事を最小限にしようとしてボーイフレンドの要求に合わせてしまいがちです。自己主張をしようとすると「でしゃばりだ」と言われ、あるいはそれ以上に悪いレッテルを貼られてしまいます。

ティーンの自由は限られています。住む場所、学校や仕事、医療機関の受診などに関する重要な決断は、両親やほかの保護者がするのが普通です。十代の子どもたちは、恋愛関係に暴力や支配があっても大人に言うのを躊躇します。なぜなら大人に自由を取り上げられたくないからです。彼らは安全な情報源や支援機関などを知らないことが多く、特に両親を怖がっている場合はなおさらそういった情報に疎くなります。それゆえティーンはモラハラ関係から抜け出すのが特に難しくなるのです。

ティーンのモラハラ被害者は暴力やドラッグや淫行などの問題にボーイフレンドが巻き込まれて欲しくないと思っている

ティーンの女の子たちは、自分にモラハラ行為をするボーイフレンドが、暴力やドラッグ、あるいはその他の違法な行為や淫行などによって「問題に巻き込まれて欲しくない」と思っています。大人の女性と同様に、彼に暴力やモラハラをやめてもらいたいと思いながらも、彼女たちはふたりの関係が続くことを願っています。

ティーンはひとりひとり大きく異なります。宗教や人種、文化背景の違いもまた、カップルになった時の個人の行動パターンにある程度の影響を与えます。年齢だけではティーンそれぞれの成熟度は測れませんが、一三歳と一九歳には明らかな違いがあります。学校に通っている子は、ドロップアウトしてしまった子どもとはまったく違う人生を送っているでしょう。仕事をしている子どもは、働かなくてよい子どもや、ドラッグを売るなどの違法行為に手を染めている子どもとは異なる弱さをもっています。

家が安定していて親のサポートを受けているティーンは、モラハラ関係から抜け出しやすいと言えます。一方、ホームレスの子どもや、不幸な家庭生活から逃げ出してモラハラ男の元へ行った子どもの場合は、逃げるのが特に難しくなります。悲しいことに、親戚や近所の人に虐待された子どもは、他人の意志に従うことに慣れてしまい、虐待を人に話しません。身体的、性的、そして感情的な虐待を家庭で受けたティーンは、家の外でも虐待的なパートナーに服従してしまう傾向があります。

ティーンはロマンチックな傾向があり、将来を現実的に予測するのが困難です。支配的なティーンは、僕たちは世界でふたりきりなのだという考えをパートナーに植えつけることができます。

年齢が上すぎる、人種が異なる、社会的な身分が違う、宗教が違うなどの理由で自分の相手を大人に認めてもらえなかった女の子は、その相手に支配されていたとしても、自分の相手に対する評価が正しいことを証明するため、なおさら意固地になって関係を続けようとしてしまいます。

一七歳のジョニはある夏、ファーストフード店でアルバイトをしていた時、一緒に働いていた二三歳のネシムと出会いました。ジョニはキリスト教徒でネシムはイスラム教徒だったため、双方の両親はふたりの交際を認めませんでした。ジョニの両親はまた、ネシムが何歳も年上で大学に行っていないことでも反対しました。その夏の終わり、ジョニは学校を退学し、ネシムの借りている部屋に引っ越し、レストランの仕事を続けました。彼女は両親の考えは間違っていると、断固として証明するつもりでいました。しかし引っ越しをしてすぐに、ジョニは自分の決断を後悔していました。ネシムは彼の宗教上の理由から、彼女に質素な服を着ることや、仕事場ではない他の場所で親戚以外の男性と会わないことを強要しました。しかしジョニは、ネシム自身は酒を飲み、親戚ではない女性と会ったり話したりしても問題ないと思っていることに気づきました。ジョニは彼との関係は終わりにできない、そして自分の決断を咎められるのがわかっているため、いまの状況を両親には話せないと感じていました。

有害な関係にいる若者たちと連絡を取り、オープンなコミュニケーションを続ける

有害な関係にいる若者を心配する人々は、彼らと連絡を取り、オープンなコミュニケーションを続けるためにあらゆる努力をするべきです。

孤立、ストーカー行為、独占欲

ほとんどのティーンは、対等な力関係の恋愛経験がありません。両親は彼らを愛し、支配しているので、愛に支配はつきものだと思っている子もいるでしょう。父親や父親的存在の人間に支配される母親を見てきた、あるいは幼い頃に自らが親から虐待を受けたティーンにとってはなおさらでしょう。

モラルハラスメントをする男子は、ガールフレンドの時間を独占しようとします。彼女の友だちの悪口を言い、彼女たちと「縁を切れ」と言うなどして、彼女を友人から引き離そうとします。ティーンの友情の不安定さを考えると、女の子は一旦、友だちを失うと、私にはもう居場所はない、一生、友人ができないかもしれないと思い込みがちです。モラハラ男子によって友だちから孤立させられた女の子は、この広い世界で彼以外に自分を思ってくれる人はいないと考え、支えを求めてさらに彼に依存するようになります。

ジュリーとジムが初めてパーティで「付き合い」始めたとき（性的関係が始まったとき）、ふたりは一六歳でした。ジムは運動選手で高校のスター的な存在でした。ふたりとも以前に性体験はありましたが、継続的な付き合いは初めてでした。

パーティのあとジムは、自分の練習時間以外は常に一緒にいるようにとジュリーに言いました。彼女の携帯電話が鳴るとジムは自分が電話に出て、「彼女は忙しいんだ」と言いました。学校では彼女につきまとい、授業の合間には彼女の背中をロッカーに押し付けてキスをし、カフェテリアでは彼女を膝の上に乗せ、授業をこっそりふたりで抜けだした時は、野外観覧席の裏でセックスをしました。ジムがジュリーに君の友だちは「うるさい」と言うので、彼女は友人と付き合うのをやめてしまいました。彼の支配があまりにもいきすぎてジュリーの機嫌が悪くなると、ジムは彼女にプレゼントをし、夕食に誘いました。

ジムがフットボールのキャンプで一週間いないとき、ジュリーは勇気を振り絞って彼と別れる決心をしました。ジムは戻ってくると、彼女はもとより彼女に色目を使う男は誰でも殺してやると言って彼女を脅しました。彼は毎日放課後、時には怒りながら、また時にはロマンチックで優しい態度で彼女を待ち伏せしていました。すぐにふたりはカップルに戻ってしまいました。

モラハラ行為を受けているティーンがふたりの関係を両親や他の大人に秘密にしなければならないと感じている時、彼女と彼女を支援できたかもしれない人間との間には深い溝があります。彼女は自分には手に負えない関係をなんとかうまくやっていこうとしながら孤独を感じています。

強い嫉妬心はティーンの恋愛によく見られる特徴です。男の子は自分のガールフレンド（あるいは前のガールフレンド）が他の男性と話しているのを見たり聞いたりすると、怒り出したり、虐待的になったりします。自分のネットワークや友人、時には彼女の友人にまで協力を求め、彼女の行動を監視します。同時に自分は彼女の他にも恋人がいると友人に自慢したりします。

ティーンの女の子もまた、嫉妬心の強い子も多く、ボーイフレンドがどこにいるのかチェックするために絶えず電話やメールで連絡をします。女の子は「浮気をしている」と思ったら、ボーイフレンド（あるいは相手の女の子）を実際に殴ったりすることもあります。しかし、リサーチによれば、ガールフレンドが過剰な嫉妬心を示して実際に彼に暴力を振るったとしても、男の子は本気で脅されたと感じることはなく、そのことを面白がったり、うるさがったりする程度である場合が多いという結果が出ています。また、ガールフレンドが嫉妬を感じて暴力的な行動に出ると決めた際には、女性に対しての方が危険が少ないと判断して、自分のボーイフレンドではなく浮気相手の女の子を攻撃する可能性が高くなっています。

モラハラ男子は、公の場で一緒にいる時は常にガールフレンドの身体を触り、自分が彼女を所有していることを人に見せつけようとします。学校や彼女の両親の前でさえ、彼女と手をつないだり、彼女の身体に腕を回したりします。あるいは後ろから彼女を抱きしめ、腰を両手できつくつかみ、身体をこすりつけたりもします。彼女が望むかどうかにかかわらず、人前でディープキスを強要することもあります。もちろんこうした身体を近づける行為を楽しむ若い女の子もいます。しかし、身体を近づけることは愛情ではなく所有欲だと感じながら、いやいや従っている女の子もいます。

社会的なイメージをマネジメントする

性行為をしている、あるいはしていると噂されたティーンの女の子は、「すぐヤラせる女」といった、非常にマイナスイメージの強い言葉で呼ばれてしまう危険性があります。一方で同じような行為をしている男子は、「遊び人」「女好き」などと好意的なイメージで見られがちです。性に対するこのダブルスタンダードは、時に十代の女の子を不健康な関係に陥らせます。

アメリカの高校は四年制で、ロスとダナは、ロスが高校の四年生でダナが三年生の時に知り合いました。ロスはダナを彼の卒業パーティに誘いました。それは彼女を目立たせ、同学年のグループでの彼女のステータスを上げるものでした。パーティの一週間前のある夕方、ロスはダナを連れて公園に行きました。ダナは胸がときめきましたが、不安でもありました。男の子とふたりきりで出かけるのは初めてだったのです。一八歳になるまでは、娘にはデートをしてほしくないと親が思っているのを知っていたので、両親には嘘をついて出かけました。暗いベンチでロスはダナにキスをしました。次に彼は彼女の胸を触りました。ダナは彼の手をどけようとしましたが、彼はやめませんでした。ある時点でダナは立ち上がろうとしましたが、ロスがベンチに引き戻し、こう言いました。「君が素敵すぎて行かせたくない」。彼は彼女の手をふくらんだ自分のズボンに触らせ、「手伝ってくれないか。君のせいだよ」と言い、ズボンのジッパーを下ろすと彼女をひざまずかせ、彼のペニスを舐めさせました。彼が終わったあと、ダナは泣いていて、ロスは彼女をなぐさめながら、「君はもう僕のものだ」と言いました。その言葉には、自分と一緒にいる限りはふたりの間に起きたことを秘密にしておくからという暗示が込められていました。ロスはそのうち君はこれがもっと好きになると言ってダナを安心させました。

家に帰るとダナは、ロスがソーシャルメディアで彼女への感謝の言葉を投稿しているのを知りました。「いい時間をありがとう」と。ロスはふたりの関係についての条件や、ダナが行ってもいい場所と行ってはいけない場所を決め、彼女に性的関係を強要し続けました。

彼との関係でダナはいくつかの罠にはまっていました。彼女は両親に相談することができず、ロスは社会的にも性的にも彼女にプレッシャーを与えていました。彼女はまた、自分の評判が下がることも恐れていました。ロスのガールフレンドでいることを拒否したら、彼と性的な行為をした自分は「ふしだらな」女だと思われてしまうだろうと思っていました。

ティーンの恋愛は、交際期間が短い傾向があります。これをわかった上で相手との関係からできるだけ多くの恩恵を得ようとする人間もいます。特に、「セクシーな」女の子をガールフレンドにもつことは、男の子の社会的地位を上げさせます。また、ガールフレンドをもつことは、若い男の子にとって自分がゲイでないことを自分自身と他人に「証明」する手段になります。

身体的虐待と支配

思春期を過ぎ青年期を迎えた男性が、自分の身体の大きさを利用して十代のパートナーに乱暴な行為をすることがあります。彼らはこれを「遊び」と称してパートナーが望む以上のことをします。たとえば十代の少年が、ガールフレンドをくすぐり、レスリングの真似事をし、彼女がやめてと言って明らかに苦痛を感じているように見えても乱暴な行為を続けます。彼女の腕を背中にひねり上げ、彼女を押し倒し、彼女の手首を摑んで動けないようにし、彼女が怒っても、ただ僕は「ふざけているだけだ」と言いながら嘲笑ったりします。モラハラ男子は人前で彼女を叩くこともあるでしょう。そして自分は「ただ遊んでいるだけ」で、彼女のことを「話がわからないやつ」と言って批判します。泳ぎに出かけると、自分のガールフレンドを水の中に放り投げ、水中に沈めて、息をしようともがく彼女の身体を押さえつけるようなこともします。ティーンエイジャーは、いちゃつくことや喧嘩ごっこを通じてスキンシップを取ります。しかし、もしも一方がその行為を望まず、怖いと感じるとしたら、それは遊びではなく虐待です。

モラハラ男子は、こういった身体による支配を単なるゲームとして捉えているとは限りません。彼は脅しや罰や、あるいはただ「誰がボスなのか」を示すことを目的にガールフレンドを摑み、突き飛ばし、平手打ちをし、つねり、拘束し、噛みつくことさえあります。身体的暴力は、女の子が特定の性行為を断ったときに始まることが多いと言われています。一旦、暴力が始まると、それはふたりの間で日常化していきます。

大人の男性と同じように、ティーンの男子は間接的な暴力でパートナーを脅します。もしも彼が壁を拳で打ったり、蹴飛ばしたり、ものを叩きつけたり、猛スピードで運転をしたり、暴力を振るうと脅したり、他の男子と喧嘩をしたりするとしたら、彼に暴力的な傾向があるのは明らかです。

ティーンのなかには、自分は相手に反抗されると言葉や行動のコントロールが効かなくなって「キレる」と人に言ってまわる男の子もいます。大人になる頃には「折り合いをつける」ことができるようになるかもしれません。しかし「完全に感情のコントロールを失う」と自ら認めることは、若い男の子にとっては自慢かもしれませんが、パートナーにとっては脅迫です。

飲酒とドラッグ

ティーンがアルコールを飲む時、彼らは大量の酒を飲みすぎてしまいます。ティーンにとって飲酒はしばしば、社交として楽しむものではなく、早く酔っ払うための手段です。抑圧から解放されることが目的なので、酔っ払って普段は絶対にやらないようなひどい行動をしてしまうのは、驚くことではありません。

一七歳のルイは、毎週金曜と土曜の夜、パーティや友人宅で手に入るビールは全部飲んでいました。飲んでいる時、彼は一六歳のガールフレンドのハイナにいつでも自分の目の届く範囲にいるよう要求しました。トイレに行く時でも合図をさせました。時々、自分の膝の上に彼女を座らせ、友人の前で性的なコメントを言い、彼女の太ももをさすり、彼女に居心地の悪い思いをさせました。ハイナはこういったパーティでは普段は酒を飲まず、ルイを家まで車で送っていました。ある日、帰りの車の中でハイナは、パーティの席での自分に対する態度に不満があるとルイに言いました。すると彼は大声を出し始め、車のハンドルを勢いよく摑みました。ハイナは危険を感じました。飲んでいない時のルイは、時々、偉そうな態度は取るものの、一緒にいても基本的には安全だと思っていました。ハイナはパーティの後、ルイだけでなく別の子たちも一緒に車に乗せて家に送るようにしました。そうすれば彼が飲んでいる時、車でふたりきりにならずに済むからです。

十代の少年の多くは、女の子に酒を飲ませることで、普通なら断られるような性行為を受け入れさせようとします。こういった強制的な行為は、時々、計画的におこなわれます。少年グループが、後で女の子たちを襲うつもりで一緒に飲み競争をしようとすることがあります。意識のない、あるいは酔って判断力を失っている相手にセックスをすることは強姦であり、犯罪です。少年たちのなかには、わざと若い女性に酒を飲ませたりドラッグをやらせたりして、女の子の自己防御能力が低くなるのを知りながら、「もう一服」「もう一杯」と勧める者もいます。これは彼女たちの「頭を混乱させる」ためにわざとやっています。

ドラッグもまた、アルコールと同様に被害者の心の抑制を効かなくさせ、彼女たちを弱くさせる効果があります。支配欲の強い男子のなかには、マリファナを吸うと被害妄想になったり、強い嫉妬心を表したりする子もいます。

性的な抑圧

女の子はボーイフレンドから、そしてよく知らない少年や男性からも、常に性的な抑圧を受けています。若い女性とどうにか親しくなった若い男性は、皆がやっていることだ、君のせいでこうなった、欲望が抑えきれないなどと言いながら、彼女にさらなる行為を求めてきます。同様にティーンの少年たちも、「もしも本当に僕のことを愛しているなら、いいだろう」といった言葉で女の子の愛に対する考え方を操ろうとします。真実の愛についてのロマンチックな物語にずっと晒されてきたティーンの女の子たちが、愛の告白とひとくくりにされた性的抑圧に負けてしまっても不思議はありません。

一般に少女たちは、「すぐにヤラせる女」というレッテルを貼られないようにある程度の抵抗をするのが普通で、性行為を思いとどまるものと考えられています。同時に少女たちは、男の子から好かれ、男の子を喜ばせるのが良いこととされているため、暴力を受けてもあからさまに大声で「レイプだ」と叫ぶことや、自分の身体を守り、それ以上の性行為を拒むことが難しくなっています。おそらく経験不足や権利意識からか、十代の男の子たちが女の子たちに圧力をかけ、彼女たちにとって快適な領域を超えた、彼女たちが拒絶しようとしている性行為を強要するのはよくあることです。拒絶されることを恐れる若い男性は、性的な接触をしてもいいかどうかを彼女に聞かずに、欲しいものを無理やり「取って」しまいます。

性的な抑圧を頻繁に受けているティーンの女の子は、あからさまに抵抗するよりも諦めてしまうことが多い

モラハラが存在するティーンの関係での性的な抑圧とは、女の子が望まない性行為、あるいは彼女がしたくない時に性行為を強要することを意味します。これには男の子が安全なセックスを拒否することも含まれています。少年によるモラハラの兆候として、パートナーのことを無視して自分だけの快楽を得ようとすることが挙げられます。常に性行為が強要され、逃れようとしても執拗な攻撃を受け、後をつけられ、暴行を加えられ、最後には彼女は諦めてしまいます。

男の子は一時、性的な抑圧をやめたとしても、次には怒り出して彼女を侮辱したり、「やらせてくれる他の相手を見つける」と言って脅したりします。女の子は彼の要求を満たすか、あるいは要求を拒否して彼との関係を失うかのどちらかの選択肢しかないことを知ります。彼が少し年上の場合、君は未熟だからと責めたり、彼女が従わないなら満足させてくれる相手を他に探すとほのめかしたりして、彼女が望む以上の性行為をさせるように仕向ける人間もいます。ティーンの女の子たちは、同学年の仲間から許容範囲以上の性行為をするようプレッシャーをかけられたり、「内気な子」「退屈な子」あるいは「色目を使う女」といったレッテルを貼られたりするリスクに晒されています。そして残念なことに、モラハラ男子のなかには、セックスを拒否することは選択肢にない、無理やりされたくなければ言う通りにした方がいいといったことを言ってパートナーの女の子に恐怖心を植え付ける者もいます。

少女たちは眉をひそめたり、男の子の手を払いのけたり、その場から離れるなどして自分が拒否していることを伝えます。十代の女の子のなかには、まるで質問をしているかのようにびくびくしながら話をし、はっきりと「やめて」と言わずに「そうしたいかどうか自分ではよくわからない」と言う子もいます。少年たちの多くは、自分が性的な満足を得るために若い女の子たちの許容範囲を無理やり超えさせても良いと思っています。そして女の子の直接的な、あるいは間接的な拒絶を無視する権利が自分にはあると思っている子もいます。望まない性行為のあと、男の子は、誤解があった、彼女はしたがっていると思ったなどと主張します。レイプ犯罪の法廷では、被告人は自分の立場を正当化するため、頻繁に「合意の上」という言葉を使います。

少年たちが少女に対する性的暴行や強要をけしかける、仲間内の文化を作り出すこともあります。彼らは女の子をひっかけてベッドに連れ込むまでにどれだけの時間がかかるか賭けをしたり、一定期間に何人の女の子を誘惑できるか競い合ったりします。ある学校では、高校四年生の男子たちが高校二年の女の子たちを何人「ゲット」できるか競争していました。彼らの住む州では、年齢差が二歳までの関係なら法的なレイプに該当しないことを知っていて、意図的に一年生ではなく二年生の女子をターゲットにしたのです。

携帯電話とコンピュータ

テクノロジーの発達は、ティーンに新たなモラルハラスメントの機会を作り出しました。今日では、十代の子どもたちのほとんどが、携帯電話とコンピュータを日常的に使っています。これによってサイバーストーキング、迷惑行為、いじめの温床ができたと言えます（62頁「ストーカー行為と監視」も見てください）。モラハラ行為をする少年たちのなかには、ほとんど絶え間なくパートナーにメッセージを送ったり電話をかけたりしている子もいます。モラハラ少年は、通常のテクノロジーを使ってガールフレンドの居場所がわからないとなると、彼女の友だちにメッセージを送って個人的に追跡します。技術の進歩によって、モラハラ少年が被害者の両親の家を突き止めて彼女と話をさせてくれと言い張ったり、彼女にメッセージを送ったり、何時間もチャットをしたりといったことができるようになりました。親が子どもは寝ていると思っている間、ティーンたちは友だちや恋人とのチャットやメールで忙しいというのは日常茶飯事です。

ツイッター、スナップチャット、インスタグラム、アスク・エフエムや同様のすべてのソーシャルネットワーク・サイトが、脅しや、相手との力関係の誇示や、パートナーや前のパートナーに罰を与える場所として使われています。これらのコミュニケーションは、文字や印刷物として記録するのが難しい点で、大変恐ろしいものです。ボーイフレンドが血の付いたナイフの画像を前のガールフレンドに送ったとしても、その画像は数秒で消えてしまいます。

一八歳以下の裸の写真やビデオを送ったり受け取ったりするのは深刻な犯罪である。ティーンエイジャーは（大人も同様に）「決して」裸の写真を人に撮らせないよう、きちんとした指導を受けるべきである

十代の少年たちは、携帯電話にガールフレンドや前のガールフレンドの「ヌーディーズ（裸の写真）」を保存しています。ガールフレンドに腹を立てた時や、別れた後などに、少年がその写真を友人との間で売買するのは珍しいことではありません。多くの高校で、様々な学年の少年たちが取引した女の子の裸の写真が、何年にもわたって出回っています。一八歳以下の裸の写真を公の場所に晒すのは、深刻な犯罪です。ティーンエイジャーは（大人も同様に）「決して」裸の写真を人に撮らせないよう、きちんとした指導を受けるべきです。

大人のモラハラ男がインターネットを使って未成年者と出会い、誘惑することもあります。これらの大人は知り合いである場合が多く、近所の住人や学校や教会の関係者、あるいは友人だったりします。この種の関係が長く続くと、多くの場合、モラルハラスメントの関係に発展していきます。

大人のパートナーとティーン

ティーンの女の子のなかには、経験のある年上のパートナーから何かを学び、彼を通じてエキサイティングな別の世界への入り口が開かれると考えている子がいます。そういった子どもたちは、アルコールやドラッグや車など、年上の人間とデートをすることで得られる経験に感動してしまいます。また多くのティーンが、年上のパートナーはずっと成熟していて礼儀正しいと考えがちです。

しかし年齢差が大きい場合、十代の子が相手と同等の関係を持てることはめったにありません。たいていの場合、年上の人間が物事を決め、年下の人間の考えや意見は無視されてしまいます。年下のパートナーが何かをするとき、ひとりでやること、友だちとやること、家族とやることについて、彼の許可を得なくてはならないというのはよくあることです。

ラヴァーンは二八歳のデニスと海辺で出会った時、一六歳でした。デニスはラヴァーンに礼儀正しく、君は「魅力的な瞳」をもっていると言いました。彼はラヴァーンと彼女の友だちにアイスクリームを買ってくれました。ラヴァーンは自分の電話番号をデニスに教えませんでしたが、オンライン上の連絡先を教えました。ふたりはオンラインで頻繁に連絡を取り合うようになり、やがてショートメッセージを交わすようになりました。二週間後、デニスはラヴァーンを学校に迎えにきました。彼女が彼の車に乗り込んだ時、デニスはラヴァーンに花束を渡しました。そして彼女をディナーに連れて行きました。それは彼女にとって初めての「本当のデート」でした。食事の終わりにデニスは、飼い犬を見せたいから、彼女を自分のアパートに連れて行きたいと言いました。ラヴァーンは、家に帰らなくてはならないので犬はまた別の機会にと言いましたが、デニスは譲りませんでした。そんなに時間はかからないからと彼は言いました。ラヴァーンはおそらくセックスを求められることになるとわかっていて、それは避けたいと思っていました。しかし彼女は、これまでの彼の気前の良い態度から、デニスを喜ばせることを義務のようにも感じていました。

こうしてそれが彼らの決まりごととなりました。デニスは数日おきに放課後、ラヴァーンを学校に迎えに行き、彼の家に連れて行ってセックスをしました。デニスはラヴァーンに酒を飲ませ、洋服や宝石をプレゼントしました。彼は自分を彼女のセックスの教師だと称し、彼女の態度が悪いと罰を与えました。ラヴァーンは彼のアパートで見たポルノ映画の場面を演じさせられました。

ラヴァーンは放課後、いつもデニスの家に行きたいわけではありませんでした。しかし学校の外に彼の車が停まっているのを見ると、家に帰って試験勉強をしなくてはと思っても、友だちと一緒にいたいと思っても、車に乗らなくてはならないと感じました。ラヴァーンは無口で陰気になっていきました。自分に対してデニスが強い力を持っていると感じ、それをどう理解したらいいのか、どうやって彼を断ち切ればいいのかわかりません。彼女は怖くて誰にも相談することができませんでした。

ティーンの妊娠と子育て

パートナーが妊娠すると、男性の支配はさらに強まるといわれています。妊娠したのが十代の少女だった場合、それはまさに真実と言えるでしょう。父親になる男性は、生まれてくる子どものために若い母親に家にいることを求め、一方で自分は人生を最大限に楽しみ続けます。生まれた子どもが自由に動きだすようになると、ティーンの母親の多くは自分を取り戻したい、世の中にまた出て行きたい、自分の人生を「再開したい」と思うようになります。若い男性が、彼女が家にいることに慣れてしまっている場合、この時点で衝突が生まれます。

父親が年上か、あるいは彼自身もティーンエイジャーかどうかにかかわらず、彼は、ティーンの母親には子どもの世話をするすべての責任があると主張し、一方で自分は学校や仕事や人との社交を続けます。女の子に「母親らしくしろ」と言いながら、自分は自由を謳歌します。

若い女性を妊娠させた男性のなかには、ただ彼女から離れ、子どもは自分には何の関係もないという態度をとる人間もいます。父親不在で子どもをひとりで、あるいは親戚と一緒に育てているティーンの母親は、多くの困難に直面します。しかし少なくとも彼女は、子どもの父親から支配や虐待を受けずに済んでいます。

世の中には、ティーンの母親は無責任、誰とでも寝る、社会問題でもあるといった固定観念があります。十代のシングルマザーであるという、さらに冷たい目で見られることを避けるため、ティーンの女の子たちは、子どもの父親が虐待的であっても支配的であっても、彼との関係を一生懸命続けようとします。彼と一緒にいることは「母子家庭の統計の一部」と見られるよりはましに思えるのかもしれません。孤立し、正式な支援サービスからの援助を受ける方法を知らない、家族から拒絶された十代の母親たちは、莫大な犠牲が伴うとしても子どもの父親との関係を維持しようとします。ティーンの母親たちは、パートナーの支配のせいか、あるいは人生の状況の変化のせいか、友だちと連絡を取らなくなる傾向があります。このようなティーンたちは、他の若い母親たちと一緒に支援プログラムに参加することによって、孤立を和らげ、自信を取り戻すことができるでしょう。

暴力的あるいは支配的な態度をとる父親は、子どもと母親に恩恵よりもリスクを与える

社会福祉プログラムは若い父親の育児参加を賞賛しすぎる傾向があります。父親が育児に参加するのは一般に良いことですが、彼に暴力的あるいは支配的な態度がある場合は、子どもと

母親に恩恵よりもリスクを与えます。このような若いモラハラ男は、十代の母親との間にできた子どもと連絡をとる許可を得る前に、虐待者を対象とした介入プログラムの治療を受けるべきです。支援プログラムは、彼らの子どもはもとより、若い母親に対する福祉に焦点を当てたものでなくてはなりません。彼女もまた保護が必要な未成年なのです。

LGBTのティーンたち

LGBTのティーンの多くは、高校生活や仲間との付き合いのなかで苦しい思いをしています。学校では情け容赦なくいじめられます。自分の性的指向を隠している場合は、常に「ばれて」しまわないかと恐れながら生きています。パートナーや以前のパートナーは、相手の十代のLGBTの性的指向を「ばらす」と脅すことで強い力を持ちます。地域や家族の信条によっては、自分の性的指向を無理やり告白させられたティーンが家から追い出されたり、虐待的な修復治療（ゲイは治せるものだという考えに基づいた治療）を受けさせられたりすることもあります。

両親と緊張関係にあるティーンや、性的指向やジェンダー・アイデンティティが原因で家から追い出された子どもは、住む場所や経済的支援など、同世代のパートナーにはない恩恵を与えてくれる年上のパートナーと付き合う傾向にあります。こういった生きていく上での必要最低限の物事においてパートナーに依存している場合は、十代の子が問題のある関係を断ち切るのはさらに難しいでしょう。

ＬＧＢＴのティーンが同世代のパートナーと出会うのは、なかなか難しいことです。それゆえ若い子と付き合いたいと思っている大人の餌食になってしまいます。また彼らは、新しいパートナーを見つけるのが難しいと思い込んでいるため、支配的な関係からさらに抜け出しにくくなっています。

助け合うティーンたち

気がかりな人がいるとき最も大切なのは、その人と連絡をとり続けることです。支配や虐待を受けている人との連絡を絶やさないようにしてください。その人を散歩やイベントに誘い、家に招いてあげてください。彼女には友だちがいて、ひとりではないことを理解してもらってください。ボーイフレンドが彼女を否定するようなことを言っていても、そんなことはないと伝えて気持ちを和らげてあげましょう。彼との関係の良いところと悪いところについて聞いてみてください。彼女が恐れていることは何か尋ねてください。あなたの感想を語る時は優しく、批判的な響きがないように。そして彼女にどうするべきかと言うことは避けてください。この本を彼女に紹介してあげてください。モラハラに関するウェブサイトを見る手助けをしてください（第11章を見てください）。

同じ一六歳で高校二年生のキャロルとショーンは一年ほど付き合っていました。彼らはほとんどの時間をふたりきりで過ごしていました。キャロルは陸上部と音楽部をやめてしまいました。彼女の成績は落ちていきました。彼女は痩せていき、最初はうらやましがられましたが、やがて両親や友人が心配するほど細くなってしまいました。彼女はショーンと一緒にいること以外は、すべてのことに興味を失ってしまったように見えました。どちらの両親もふたりの交際を認めていました。キャロルの両親は、ショーンは娘に協力的だと思っていて、家族旅行にも彼を誘っていました。ますます孤独になったキャロルは何度か自殺も試みました。一度は大量に錠剤を飲み、次にはハサミでリストカットをしました。

キャロルを心配した小中学校時代からの友人たちが、自分たちは彼女に拒絶されていると感じながらもキャロルに声をかけることを決めました。ショーンの批判的な眼差しを無視してカフェテリアで一緒の席に座らないかと声をかけました。家に遊びに来ないかとも誘いました。彼女たちは、自分たちがどれだけキャロルのことが好きで寂しく思っているかについて、何度も彼女に伝えました。食事を分け合って食べているうちに、彼女たちはキャロルが少しずつ体重を取り戻し、明るくなってきたことに気づきました。彼女たちはスクールミュージカルのオーディションを受けてはどうかとキャロルに勧めました。彼女は大きな役を得て、リハーサルの間、毎日何時間もショーンから離れて過ごすようになりました。

数カ月後、キャロルは強くなったように見えました。彼女は自分が楽しんでいた人たちとの交流や活動がショーンによって阻止されていたことに気づきました。彼女はショーンと別れ、やり直そうという彼の懇願を無視しました。キャロルが自信を回復し、自分の人生を取り戻すのには、彼女の友人たちが大きな役割を果たしました。

もしもあなたが友人を助けるつもりなら、彼女に関するゴシップや彼女の交際について噂を広めてはいけません。彼女の話に耳を傾け、何がしてあげられるのかを聞いてください。

できれば相談に乗ってくれる、信頼できる大人を見つけましょう。親や学校のカウンセラー、先生、コーチ、保健室の先生などでもいいでしょう。彼女を支援者に引き合わすため、DV相談支援センターへ連れて行ってあげることを考えてみてください。未成年者が虐待を受けている、虐待されるリスクに晒されている、あるいは自殺願望があるとわかったとき、大人は関係機関に通報する必要があります。ティーンエイジャーは、一番大切なのは友だちの秘密を大人に言わないことだと考えがちです。信頼関係を守ることは確かに価値のあることですが、友情においては、お互いの身の安全が最も重要であることを忘れないでください。

ティーンを見守る大人たちへ

アドバイスをする前に話をよく聞き、良き話し相手となる

モラハラの罠にはまってしまったティーンは、自由になる手助けをしてくれる人々の支援が、大人よりも必要です。十代の子どもたちは、自分自身についてきちんと語るための知識や自信や法的な地位を持っていません。残念ながら彼女たちは、有意義な支援ができるとは限らない同世代の仲間にしか助けを求めません。十代の子どもたちに情報を与えたいと思っている大人は、自分たちが信用に足る人間であると彼らに示す必要があります。大人はアドバイスをする前に話をよく聞き、良き話し相手とならなくてはいけません。

モラハラのある交際に囚われているティーンと関わるとき、大人は短気になりがちです。どうして若い子たちはその関係が与える有害性がわからないのだろうと不思議に思ってしまいます。私たちはティーンに対して「急いで別れなさい！」と急かしてしまいます。それは簡単にいくとは限りません。私たちは青少年の心がどれだけ複雑かを思い出さなくてはなりません。彼女たちは、初めて愛されることを経験し、もう二度と愛されることはないかもしれないと感じています。「美女と野獣」の神話や、自分たちの純粋な永遠の愛が問題の多い男性を王子様に変えるという、また別の伝説を信じているのかもしれません。交際相手がいることは、ティー

ンにとってはステータスとなり、大人にはわからない何かしらの恩恵もあるのでしょう。

カップルが離れられない他の理由の存在についても、大人は心を配る必要があります。たとえば女の子が妊娠している可能性もあります。家出をしているか、ボーイフレンドと一緒に住むために学校をやめてしまった子もいるでしょう。ボーイフレンドから身体的暴力を受けていたり、別れるなら自殺をすると脅されていたり、彼に会うのをやめたら彼が持っている彼女の性的な写真やビデオ、情報などをばらまいてやると脅されている場合もあります。虐待者との関係が密接になっていくうちに、すべての友人を失ってしまった子もいるでしょう。

それではモラハラ関係に囚われてしまったティーンを助けるために大人は何ができるのでしょうか。まず質問をするときに敬意をもつことが大切です。本書や本書の巻末に記した資料やウェブサイトなどを教えてあげましょう。モラハラを受けているティーンをDV相談支援センターに連れて行ってあげることもできます。しかし支援者との面談は、子どもと支援者のふたりきりにさせることが大切です。パートナーから支配を受けているティーンにとってDV相談支援センターは大きな助けとなるはずです。現在も学校に通っている子どもに対しては、生徒全員を対象とした健全な交際についての教育キャンペーンが役に立つはずです。最大限の効果をあげるためには、教育者は、生徒たちの状況を踏まえたプログラムを実行することを肝に銘じなければなりません。

健全な関係がどういうものなのか、保健体育や心理学の授業、スクールカウンセラーのグループミーティングなどで指導してください。交際について話し合う男女別のグループを作るのも有効な方法です。自己主張、問題解決、瞑想などのトレーニングによっても、他人との交流のし方を子どもたちに教えることができます。これらのトレーニングを学校全体で行うことによって、いじめや嫌がらせを減らすこともできるでしょう。十代の子どもたちは、サイバーハラスメントや、未成年者の裸の写真を携帯電話やコンピュータで流通させることに対する法的罰則についても指導されるべきです。

ＬＧＢＴのティーンには、北米の高校生や大学生で組織される「ゲイ＝ストレート・アライアンス」という組織が救いになるでしょう。そして大人は、自分はＬＧＢＴの問題について話すことに抵抗がないと他人に知らせることで、彼らの助けになれるはずです。自分と同世代のパートナーと出会う方法を見つけたＬＧＢＴのティーンたちは、モラハラ行為をする大人の被害に遭う可能性が低くなります。

学校をやめてしまったティーンに対しては、インターネットや近所のファーストフード店、ショッピングモールなどの場所で呼びかけをしてください。里親による養育先、少年院、寄宿施設で暮らす子どもたちには、彼らが住んでいる場所での救済が必要です。医療機関やさまざまな公共の場所には、彼らの状況に配慮した資料が設置されるべきです。

ティーンと共に問題に取り組む大人は、モラルハラスメントの様々な兆候について詳しい知識を持っていなくてはなりません。大人はまた、性的同意（性行為の承諾）について具体的に、そして健全な交際とは一体どういうものであるかについて、子どもたちに教えなくてはなりません。ティーンは正しい交際に必要な次の条件について知っておくことが大切です。

- 誠実さ（Honesty）
- 公正さ（Equity）
- 相手を尊重すること（Respect）
- 安全（Safety）

これらのイニシャルを並べるとＨＥＲＳ（彼女の）という単語になりますが、ヘテロセクシャルのカップルの場合、責任は彼にも（ＨＩＳ）あることをはっきりさせておかなくてはなりません。

パートナーに支配されているティーンの多くは、自由と自尊心と成長の機会を失っています。本書の内容は、例にあげられている内容が大人を対象としたものが多いですが、ティーンたちにも大きな助けになるはずです。

PART 4

モラルハラスメントを終わらせる

最後の数章は、被害者、そして被害者を個人的に知っている人、あるいは専門家として彼らと関わっている人々のために書かれています。第7章は、モラルハラスメントの兆候について説明し、危険性を伴う関係かどうかを判断する手助けとなるように構成されています。また、問題に対処するにあたって何をするべきかを考えるヒントを記しました。第8章は、期間の長短に関わらず、相手との関係を続けると決めた人に向けて書かれています。ここでは、関係をより安全で、制限の少ないものへと改善する方法を提案していきます。これらの手順を踏むことによって、ふたりの関係が改善できる可能性のあるものなのか、そして実際に改善が可能なのかについて知ることができるでしょう。第9章は、関係を終わらせようとしている人、あるいは最近、関係が終わったばかりの人に向けて書かれています。この章では、より安全に相手から離れる方法について論じています。第10章では、回復に向けた道のりについて説明します。

女性のなかには、パートナーとの関係が改善し、幸せが戻ってくること、子どもたちが成長すること、あるいはパートナーが死ぬのを待ちながら、支配的な関係を続けている人がいます。その期間は、何年にも何十年にもなるかもしれません。関係を続けることが自分にとって、そして子どもたちにとって良いことかどうかを決めるのは、あなた自身なのです。

7

あなたは被害に遭っていませんか?

自分がモラルハラスメントの被害に遭っているかどうかわからない場合、この章はあなたの状況を判断する手助けになるでしょう。パートナーはおそらく、問題はあなたにあると言い、あなたはそれが本当かどうか悩んでいます。この章には、あなたを困らせている関係の現実の姿を知るための方法が書かれています。評価のプロセスを通じて、あなたのこれまでの経験がそれぞれどう繋がっているのかがわかってきます。それは辛い作業かもしれません。どうか支えてくれる人と一緒にやってみてください。

関係を評価する

関係が改善するか、終わりになるかに関わらず、自由と自分らしさを取り戻す可能性に希望をもつこと

まず、相手との関係の質や健全度について、自分が強い不安を感じていると仮定してください。自分が自由になる可能性について、その自由が関係を改善することなのか、それとも関係を終わらせることなのかに関わらず、希望をもってください。

この章では、あなたの関係について考える新しい方法を説明します。あなたは関係を続けたいのか。変えたいのか。それとも完全に終わらせたいのか。この章で紹介する方法は、あなたを決断へと導いてくれるはずです。次にあなたが受けているモラハラ行為や、それに対処するためにあなたが取った手段に関する一連の質問を用意しました。これらの質問にゆっくりと目を通してみてください。安全な場所に腰を落ち着けて、質問の答えに印をつけましょう。余白には具体的な出来事を思い出させる言葉など、自由にコメントを書き入れてかまいません。各セクションのリストに自分だけの項目を書き加えましょう。現在、モラハラ関係に巻き込まれている人は、本書を安全な場所に保管することを忘れないでください。

モラハラ行為を示す、あなたにとって日常となっている相手の行動がリストに記されていることに驚かされるでしょう。あなたにとっては「いつものこと」と感じる行動かもしれません。被害を受けている人々がこのリストを読むと、自分たちの関係を新たな視点から見つめ直せるようになり、起きた出来事をまったく違うものとして考えられるようになります。リストのなかには、あなたにとっては過激すぎる内容もあるかもしれませんが、それを読むことによって、自分はそんな目に遭わずに済んだとわかって安心することにもなります。

このリストの使い方にひとつの正しい決まりはありません。残念ながら、足し算のように項目を足して合計を出すことで、あなたの心の中で「私の関係には問題がない」「支配されている関係だから、これを変えなくては」、あるいは「この関係を終わらせなくては」といった答えを簡単に導き出すことはできません。モラルハラスメントは、それぞれの関係ごとに内容が大きく異なります。答えは極めて個人的なもので、数式を解くようにはいきません。

リストにある質問はすべてが平等に作られたわけではありません。このため、たとえば、「彼はあなたを殺すと脅したことがありますか？」「他の人からあなたを孤立させようとしていますか？」といった質問のひとつに「ときどき」と答えることが、相手との関係を今日すぐにでも終わらせる決定的な理由になる場合もあります。あなたが何を食べるか、お金をどう使うかについて彼がコントロールしようとしているかどうかの質問に「ときどき」と答えることは、別れなくてはならない理由にならないかもしれませんし、なるかもしれません。関係を終わらせるべき理由かどうかを決めるのは、あなた自身しかいません。

モラハラ関係の評価シート＊

使い方：それぞれの質問に最もあてはまると思う言葉を◯で囲んでください。該当しない質問はとばしてください。

孤立度の評価

普段、あなたのパートナーはあなたを他の人から遠ざけようとしますか？

いいえ　はい

あなたのパートナーはあなたの次のような行動を制限しようとしたことがありますか？

・外出は？　ない　ときどき　頻繁に／常に

＊ Dutton, M. A., Goodman, L., and Schmidt, R. J. (2006)の著者からの承諾を得て適用したものです。*Development and validation of a coercive control measure for intimate partner violence: Final technical report.* Washington DC: U.S. Department of Justice.

・電話での会話は？　ない　ときどき　頻繁に／常に
・Eメールは？　ない　ときどき　頻繁に／常に
・ソーシャルメディアは？　ない　ときどき　頻繁に／常に
・手紙やその他の郵便物は？　ない　ときどき　頻繁に／常に
・他の人と時間を過ごすことは？　ない　ときどき　頻繁に／常に
・友だちについては？　ない　ときどき　頻繁に／常に
・両親、兄弟、姉妹、その他の家族との関係は？　ない　ときどき　頻繁に／常に
・他の人との趣味や活動は？　ない　ときどき　頻繁に／常に
・組織や団体に参加することは？　ない　ときどき　頻繁に／常に

これ以外にあなたのパートナーが、あなたと他の人々との接触を妨げようとすることがあれば、リストアップしてください。

・
・
・

個人的な活動

普段、あなたのパートナーはあなたの個人的な活動を支配しようとしていますか？
いいえ　はい

あなたのパートナーはあなたの次のような行動について管理をしようとすることがありますか？

・睡眠については？　ない　ときどき　頻繁に／常に
・特定の服を着ることについては？　ない　ときどき　頻繁に／常に
・テレビ、ラジオ、インターネットの使用については？　ない　ときどき　頻繁に／常に
・趣味やその他の興味に関する活動については？　ない　ときどき　頻繁に／常に
・読む物については？　ない　ときどき　頻繁に／常に
・家事については？　ない　ときどき　頻繁に／常に
・あなたの外見については（メイクや髪型）？　ない　ときどき　頻繁に／常に

これ以外にあなたのパートナーが、あなたの活動を管理しようとすることがあれば、リストアップしてください。

・
・
・

資産について：教育、仕事、お金

普段、あなたのパートナーはあなたの教育、仕事あるいはお金を支配しようとしていますか？

いいえ　はい

あなたのパートナーは次のことに関して管理をしようとすることがありますか？

・仕事については？　ない　ときどき　頻繁に／常に
・職業や仕事の将来については？　ない　ときどき　頻繁に／常に
・お金の使い方については？　ない　ときどき　頻繁に／常に
・クレジットカードやクレジットの記録については？　ない　ときどき　頻繁に／常に
・学校へ通うことや、新しい技能を学ぶことについては？　ない　ときどき　頻繁に／常に
・交通機関（車、トラック、公共交通）の使用については？　ない　ときどき　頻繁に／常に

これ以外にあなたのパートナーが、あなたの教育、仕事、お金を支配しようとすることがあれば、リストアップしてください。

・
・
・

健康と身体

普段、あなたのパートナーはあなたの健康や身体に関して支配をしようとしていますか？
いいえ　はい

あなたのパートナーは、次のことに関して管理をしようとすることがありますか？
・食事や体重については？　ない　ときどき　頻繁に／常に
・睡眠については？　ない　ときどき　頻繁に／常に

・入浴やトイレの使用については？　ない　ときどき　頻繁に／常に

あなたのパートナーから次のことを禁じられたことがありますか？
・必要な処方箋薬を飲むことは？　ない　ときどき　頻繁に／常に
・医者に行くことは？　ない　ときどき　頻繁に／常に
・エクササイズをすることは？　ない　ときどき　頻繁に／常に

あなたのパートナーから次のことを押し付けられたことがありますか？
・街で売っているドラッグの使用は？　ない　ときどき　頻繁に／常に
・医療目的以外で処方箋薬を飲むことは？　ない　ときどき　頻繁に／常に
・アルコールを飲むことや、飲みたい以上の量のお酒を飲まされることは？　ない　ときどき　頻繁に／常に
・タトゥーやピアスをすることは？　ない　ときどき　頻繁に／常に
・豊胸、脂肪吸引、フェイスリフト、その他の美容整形手術は？　ない　ときどき　頻繁に／常に
・心理療法医やカウンセラーに会うことは？　ない　ときどき　頻繁に／常に

これ以外にあなたのパートナーから、あなたの身体や健康について要求されていることがあれば、リストアップしてください。
・
・
・

親密さ

普段、あなたのパートナーはあなたとの親密な関係を支配しようとしていますか？
いいえ　はい

あなたのパートナーは次のことに関して管理をしようとすることがありますか？
・セックスをすることは？　ない　ときどき　頻繁に／常に
・コンドームやその他の避妊具を使わせてくれないことは？　ない　ときどき　頻繁に／常に
・ある特定の性行為をすることは？　ない　ときどき　頻繁に／常に
・性的な写真やビデオを撮影することは？　ない　ときどき　頻繁に／常に

あなたのパートナーは次のようなあなたの努力を阻止したことがありますか？
・別居する、彼から離れることは？　ない　ときどき　頻繁に／常に
・あなたにとって重要な事柄について話すことは？　ない　ときどき　頻繁に／常に

これ以外にあなたのパートナーから、あなたとの親密な関係について要求されていることがあれば、リストアップしてください。
・
・
・

関係機関

普段、あなたのパートナーはあなたが関係機関と連絡を取ることについて支配しようとしていますか？

いいえ　　はい

あなたのパートナーは、次のことに関して管理をしようとすることがありますか？

・警察や弁護士に話をすることは？　　ない　ときどき　頻繁に／常に

・大家や住宅に関する組織に話をすることは？　　ない　ときどき　頻繁に／常に

あなたのパートナーはあなたの市民権のステータスを向上させるための手伝いを怠りましたか？（関係のない人は省いてください）

いいえ　　はい

あなたのパートナーは法律に違反する行為（犯罪行為）をあなたに無理強いしていませんか？

いいえ　　はい

これ以外にあなたのパートナーが、あなたが関係機関と連絡を取るのを邪魔していることがあれば、リストアップしてください。

・

・

・

子ども

（あなたの置かれた状況に子どもが関係していない場合はとばしてください）

普段、あなたのパートナーは、あなたと子どもとの関係を支配しようとしますか？

いいえ　はい

あなたのパートナーはあなたの次のような行動を邪魔しようとしますか？

・子どもの世話をすることは？　ない　ときどき　頻繁に／常に
・子どものしつけに関してルールを定めることは？　ない　ときどき　頻繁に／常に
・子どもに関する日常的な判断については？　ない　ときどき　頻繁に／常に
・子どもに関する重要な判断については？　ない　ときどき　頻繁に／常に
・子どもを保護する機関に話をすることは？　ない　ときどき　頻繁に／常に

あなたのパートナーは、次のような行動をとりますか？

・子どもたちをあなたに対抗させることは？　ない　ときどき　頻繁に／常に
・実際はそうではないのに、あなたが育児放棄をしている、あるいは子どもを虐待していると社会福祉サービスに通報すると脅したことは？　ない　ときどき　頻繁に／常に
・彼から離れようとすると子どもの親権を奪うと脅されたことは？　ない　ときどき　頻繁に／常に
・子どもを虐待し、それをあなたの子育てのせいだと責めることは？

これ以外にあなたのパートナーが、あなたと子どもとの関係を邪魔していることがあれば、リストアップしてください。

・
・
・

監視

普段、あなたのパートナーはあなたが何をしているか、どこにいたかについて知ろうとしますか？
いいえ　はい

あなたのパートナーは次のような行動をとりますか？

・あなた宛の郵便物を読んだり、廃棄したりしますか？　ない　ときどき　頻繁に／常に
・あなたのEメールを確認したり、読んだり、受信拒否設定をしたりしますか？　ない　ときどき　頻繁に／常に
・あなたの電話や携帯電話の通話記録を調べていますか？　ない　ときどき　頻繁に／常に
・あなたのコンピュータの使用記録を調べていますか？　ない　ときどき　頻繁に／常に
・あなたの様子を確認するために電話をかけてきますか？　ない　ときどき　頻繁に／常に
・あなたの様子を確認するために携帯電話を持つように言われましたか？

・あなたのオンラインの閲覧履歴を監視していますか？　ない　ときどき　頻繁に／常に
・あなたが何か「悪いことをしている」兆候を探るために洋服やバッグや家をチェックしていますか？　ない　ときどき　頻繁に／常に
・あなたの領収書や小切手帳、銀行の明細書などをチェックしていますか？　ない　ときどき　頻繁に／常に
・あなたの車（走行距離計、駐車場所、車内）をチェックしていますか？　ない　ときどき　頻繁に／常に
・あなたの活動について細かく質問してきますか？　ない　ときどき　頻繁に／常に
・あなたの意思に反して録音機材や撮影機材を使っていますか？　ない　ときどき　頻繁に／常に
・あなたにスパイ行為をしたり、尾行したり、ストーカー行為をしていますか？　ない　ときどき　頻繁に／常に
・あなたがどこにいたか、何をしたかについて他の人に質問をしていますか？　ない　ときどき　頻繁に／常に
・他の人間にあなたを追跡させていますか？　ない　ときどき　頻繁に／常に

これ以外にあなたのパートナーがあなたにストーカー行為をしたり、監視したりしていることがあれば、リストアップしてください。

・
・
・

あなたを怖がらせる

普段、あなたのパートナーは自分の思い通りのことをさせるためにあなたを脅しますか？
いいえ　はい

あなたのパートナーは次のようなことをしてあなたを怖がらせますか？

- 罵ったり、非難したり、侮辱したりしますか？　ない　ときどき　頻繁に／常に
- 顔を近づけたり、至近距離に立ったりしますか？　ない　ときどき　頻繁に／常に
- 物を投げたり、蹴飛ばしたり、拳で叩いたりしますか？　ない　ときどき　頻繁に／常に
- 扉をバタンと閉めたり、大きな足音を立てたりしますか？　ない　ときどき　頻繁に／常に
- あなたをわし摑みにしたり、突き飛ばしたりしますか？　ない　ときどき　頻繁に／常に
- 部屋に閉じ込められたり、壁に追い詰められたり、またそのような気持ちにさせられることはありますか？　ない　ときどき　頻繁に／常に
- あなたを追いかけ回しますか？　ない　ときどき　頻繁に／常に
- あなたと話をすることを長時間にわたって拒否しますか？　ない　ときどき　頻繁に／常に
- あなたを不安にさせるため、どこへ行くか、どのくらいの時間外出するかを告げずに出かけますか？　ない　ときどき　頻繁に／常に
- あなたと子どもたちが同乗している時、車のスピードを上げたり、無謀な運転をしたりしますか？　ない　ときどき　頻繁に／常に

これ以外にあなたのパートナーが、あなたを支配する手段としてあなたを怖がらせていることがあれば、リストアップしてください。

・
・
・

危害を加えると脅す

このセクションでは、パートナーの脅しについて答えてください。次のセクションでは、彼が実際にしたことを書き出してください。

普段、あなたのパートナーは、自分の望むことをさせるためにあなたを脅しますか？

いいえ　はい

自分の望むことをさせるために、あなたのパートナーは次のような行動であなたを脅しますか？

・あなたの個人情報を他人に暴露しようとしますか？　ない　ときどき　頻繁に／常に
・他人の前であなたが悪く見えるようなことをしますか？　ない　ときどき　頻繁に／常に
・あなたの性的な写真や情報をウェブやメールなどでシェアしようとしますか？　ない　ときどき　頻繁に／常に
・あなたが行きたいところに行かせないようにしますか？　ない　ときどき　頻繁に／常に
・ふたりの関係を終わりにし、離婚をしようとしますか？　ない　ときどき　頻繁に／常に

・あなたに経済的な損害を与えようとしましたか？　ない　ときどき　頻繁に／常に
・あなたを法的な問題に巻き込もうとしましたか？　ない　ときどき　頻繁に／常に
・あなたの仕事に問題を起こさせようとしたり、仕事を失わせようとしましたか？　ない　ときどき　頻繁に／常に
・あなたに住む家を失わせようとしましたか？　ない　ときどき　頻繁に／常に
・あなたを身体的に傷つけようとしましたか？　ない　ときどき　頻繁に／常に
・誰か他の人とセックスをしようとしましたか？　ない　ときどき　頻繁に／常に
・あなたが望まない性行為を強要しようとしましたか？　ない　ときどき　頻繁に／常に
・あなたの所有物に損害を与えようとしたり、破壊しようとしたりしましたか？　ない　ときどき　頻繁に／常に
・あなたのペットやほかの動物を傷つけようとしたり、殺そうとしたりしましたか？　ない　ときどき　頻繁に／常に
・あなたから子どもを取り上げようとしたり、子どもを傷つけようとしたりしましたか？　ない　ときどき　頻繁に／常に
・自殺をしようとしましたか？　ない　ときどき　頻繁に／常に
・あなたを殺そうとしましたか？　ない　ときどき　頻繁に／常に

これ以外に、パートナーが自分の望むことをさせるためにあなたを脅していることがあれば、リストアップしてください。

・
・

・

罰を与える、危害を加える

普段、あなたのパートナーはあなたに罰を与えたり、危害を加えたりしますか？
いいえ　はい

あなたのパートナーは、罰として次のようなことをしたことがありますか？
・意地の悪い言葉、当惑させるような言葉、あるいは侮辱するような言葉を使いましたか？　ない　ときどき　頻繁に／常に
・あなたの個人情報を他人に暴露しましたか？　ない　ときどき　頻繁に／常に
・あなたが行きたいところに行かせないようにしましたか？　ない　ときどき　頻繁に／常に
・他の人とセックスをしましたか？　ない　ときどき　頻繁に／常に
・あなたとの関係をやめたり、説明もなく家から飛び出して行ったりしましたか？　ない　ときどき　頻繁に／常に
・あなたを家から閉め出しましたか？　ない　ときどき　頻繁に／常に
・あなたに経済的な打撃を与えましたか？　ない　ときどき　頻繁に／常に
・あなたを法的な問題に巻き込みましたか？　ない　ときどき　頻繁に／常に
・あなたの仕事に問題を起こさせたり、仕事を失わせたりしましたか？　ない　ときどき　頻繁に／常に
・あなたに住む家を失わせましたか？　ない　ときどき　頻繁に／常に

・あなたの所有物に（わざと）損害を与えたり、破壊したりしましたか？
ない　ときどき　頻繁に／常に

・あなたの友人や家族の財産を破壊しましたか？
ない　ときどき　頻繁に／常に

・あなたのペットや他の動物を傷つけたり、殺したりしましたか？
ない　ときどき　頻繁に／常に

・あなたと子どもを遠ざけたり、あなたから子どもを取り上げようとしたりしましたか？
ない　ときどき　頻繁に／常に

・人前であなたが他人から悪く思われるようなことをしましたか？　ない　ときどき　頻繁に／常に

・自殺を試みたり、自殺をほのめかすようなそぶりを見せたりしましたか？
ない　ときどき　頻繁に／常に

・あなたの友人や家族を身体的に傷つけましたか？
ない　ときどき　頻繁に／常に

・跡が残らないようにあなたを身体的に傷つけましたか？
ない　ときどき　頻繁に／常に

・あなたにケガをさせましたか？（痣、骨折、一時間以上ひりひり続く痛み、出血など）
ない　ときどき　頻繁に／常に

・パートナーに首を絞められたり、窒息させられそうになったりしたことはありますか？
ない　ときどき　頻繁に／常に

・セックスの最中にあなたを傷つけたり、望まない性行為を強要したりしましたか？
ない　ときどき　頻繁に／常に

・あなたが命の危険を感じるようなことをしましたか？
ない　ときどき　頻繁に／常に

・あなたを殺そうとしましたか？
ない　ときどき　頻繁に／常に

これ以外にあなたのパートナーがあなたに罰を与えたり、危害を加えたりしたことがあれば、リストアップしてください。

・

・

・

支配的な行動に関するこれらのリストは完璧なものではありません。付け加えたいと思うことがあるかもしれません。リストにある項目の多くは法律に違反する行為です。

あなたの回答を確認しましょう。「ときどき」と「頻繁に／常に」と回答した項目のなかで、あなたを最も不安にさせたものはどれですか？　どれが一番怖かったでしょうか？

●パートナーがそういった行動を今後も続けると思う理由はありますか？（未来の予測には、過去の行動が最も適切な兆候となることを忘れないでください。よほどの強い動機づけがない限り、長年やってきた行動が変わることはありません。特にその行動が彼の目的達成に機能している場合はなおさらです。）

●パートナーの行動がさらに厳しく、あるいはさらに頻繁になると思う理由はありますか？

●パートナーがあなたを最も困らせている行動をやめると思う理由はありますか？

● 時間とともに変化したことはありましたか？

これらの質問に対するあなたの答えを、セラピストや支援者、あるいは親友など、信頼できる人と話し合ってください。できれば友人よりも専門家と話した方が、良い結果が得られます。なぜなら友人には問題のいくつかを隠してしまう場合もあるからです。安全な場所に保管できるなら、これらの質問に対する日記をつけることも考えてみましょう。もしも質問に圧倒されてしまったら、数日はこの本をどこかにしまっておくのも良い考えです。毎日、どこかで時間を見つけて決まった時間に座りながら、あるいは散歩をしながら考えるのもひとつの方法です。そしてその時間が終わったら、スーツケースに物をしまうように、まとめてどこかへしまっておきましょう。この作業をすることによって、内容に圧倒されるのを防ぐことができるはずです。

致命度。死の危険性を評価する

身体的な暴力があろうとなかろうと、多くの人がモラルハラスメントの関係に苦しんでいます。調査結果によると、ある一定のパターンが認められる場合は、女性がパートナーや前のパートナーに殺される可能性が高まります。次にあげる六つの質問は、深刻な身体的危険の有無を調べるものです。**これらの質問のどれかに「はい」と答えた人は、すべての質問に「いいえ」**

と答えた人よりも、親密なパートナーに殺される危険性が非常に高いと言えます（残念ながら「いいえ」と答えることで安全が保証されるわけではありませんが）。これらの質問は、現在のパートナーと以前のパートナーの両方について聞いています。

あなたのパートナーは、銃、ナイフあるいは他の武器を使ってあなたを脅したことがありますか？	いいえ	はい
あなたのパートナーは、あなたを殺そうとしたり、傷つけようとしたりしたことがありますか？	いいえ	はい
あるいは殺したり傷つけたりすると脅されたことはありますか？	いいえ	はい
パートナーに首を絞められたり、窒息させられそうになったことはありますか？	いいえ	はい
あなたのパートナーは暴力的ですか？　あるいは常に嫉妬深いですか？	いいえ	はい
パートナーに力づくでセックスをされたことはありますか？	いいえ	はい
パートナーは銃を所持していますか？	いいえ	はい

もしもこれらの質問のひとつ以上に「はい」と答えた場合、あなたはモラハラ関係にいる他の女性たちよりも高いリスクに晒されています。ＤＶの支援者に相談し、警察に身の安全を確保してもらうよう助けを求めてください。[*]

対処の戦略を評価する

モラルハラスメントに苦しみながらも、多くの被害者はパートナーを考慮しながら平和を保ち、可能な限り安全で自由な状態を保つ方法を見つけ出しています。モラハラ関係のプレッシャーを受けながらも聡明さを保ち続けるために習慣としてできることはないか、よく考えてみてください。あなたには自分自身でいられるセーフティゾーンがありますか？　心の支えとなる日課や信条がありますか？　子どものいる人は、彼らを守るためにしているすべてのことを考え、彼らにより良い未来を保証してあげてください。あなたの強みについて考えましょう。仮に被害者になっていても、あなたは被害者以上の存在です。次に、非常に短いものですが、対処の戦略を練るためのリストを用意しました。おそらくあなたはもっと多くの努力をしているでしょう。回答には「もっとやりたい」という選択肢を新たに加えました。これはあなたがさらに自由に動けるようになり、再び自分らしさを感じられるようになるためにできることを、心に留め、覚えておく助けになればと思って追加したものです。長期的には助けにならない戦略も含まれているかもしれません。しかし人生がさらに難しくなっていくなか、いくつかの戦略は、短期的にはあなたが元気になる手助けになるでしょう。

＊ http://justicewomen.com/tips_dv_assessment.htmlより引用。

・友だちと連絡をとっていますか？　いいえ　ときどき　頻繁に　もっとやりたい

・家族と連絡をとっていますか？　いいえ　ときどき　頻繁に　もっとやりたい

・趣味は続けていますか？　いいえ　ときどき　頻繁に　もっとやりたい

・団体やクラブに所属していますか？　いいえ　ときどき　頻繁に　もっとやりたい

・毎日、自分自身のための時間をとっていますか？　いいえ　ときどき　頻繁に　もっとやりたい

・自分自身の健康管理はできていますか？　いいえ　ときどき　頻繁に　もっとやりたい

・自分自身のための短期的な目標がありますか？　いいえ　ときどき　頻繁に　もっとやりたい

・自分自身のための長期的な目標がありますか？　いいえ　ときどき　頻繁に　もっとやりたい

・瞑想をしたり、祈ったりしますか？　いいえ　ときどき　頻繁に　もっとやりたい

・パートナーの怒りをうまく扱う戦略をもっていますか？　いいえ　ときどき　頻繁に　もっとやりたい

・パートナーを説得しますか？　いいえ　ときどき　頻繁に　もっとやりたい

・パートナーを落ち着かせる手段としてセックスをしますか？　いいえ　ときどき　頻繁に　もっとやりたい

・パートナーが怒り出しそうな様子を見せると子どもたちを安全な場所に避難させますか？　いいえ　ときどき　頻繁に　もっとやりたい

・何が起きているかについてカウンセラーやセラピスト、支援者と話をしますか？　いいえ　ときどき　頻繁に　もっとやりたい

・暴力的な出来事があったとき、警察に電話をしますか？
いいえ　ときどき　頻繁に　もっとやりたい

・セーフティプランがありますか？
いいえ　ときどき　頻繁に　もっとやりたい

・パートナーにうまく対処するため、アルコール、ドラッグ、市販の処方箋薬を使っていますか？
いいえ　ときどき　頻繁に　もっとやりたい

これ以外に、パートナーに対処するためにしていることがあれば、リストアップしてください。

・
・
・

あなたの関係を評価するための最後のステップ

これらの質問が、関係の良い面ではなく悪い面ばかりに焦点が当てられていることを不思議に思う人もいるでしょう。モラハラ男の多くは、たとえば、経済的保証、子どものための安定した家庭、良いセックス、そしてLOVE（愛）という複雑な四文字の単語など、自分たちの関係の良い面を強調するのが上手です。ここでは関係の良い面について見直すために質問をしているわけではありません。なぜならモラハラ関係にいる人々のほとんどは、良い面についてはすでによくわかっているからです。しかし良い面がどれだけ快適で楽しいものであっても、それが、自分が自由でないと感じることに値するものなのか、あなたは自分に問いかけなくてはなりません。それを決められるのはあなただけです。

カップルは、確かにお互いに影響を与え合います。人間は完璧ではありません。たとえば、一方が家事を手伝わない時、もう一方が腹を立てて大声を出すこともあるでしょう。カップルは、お互いにいらいらしたり、相手が「偉そうにしている」と非難したりすることもあります。時には一方が、相手を助けたり、家族を助けたりするために、本人が気の進まないことを相手にやらせることもあるでしょう。

普通の関係の問題と、モラハラを含む害のある問題とのちがいは何でしょうか。まず、モラルハラスメントは、連続したスペクトラム上に存在していることを覚えておいてください。スペクトラムの領域は、まったく支配のない関係から虐待的な支配のある関係まで広範囲にわたっています。人々はそれぞれこのスペクトラム上の異なる場所で快適さを感じています。モラハラのある関係とそれ以外の関係とのちがいは、つまるところ次の三つの言葉に集約されます。それは「孤立」と「恐れ」と「罰」です。親密な関係では、孤独や恐れを感じてはなりません。カップルはお互いを支配するために脅しや罰を使ってはいけません。あなたの関係において、もしも一方が相手を怖がっていたり、相手から脅されていたり、罰を受けたりしているとしたら、それはおそらくモラルハラスメントのある関係です。

結論に到達する

人間として完全に自由だと感じる人生には何が必要なのでしょうか。モラルハラスメントのある関係にいる人は、この質問を自分に問いかけます。完全に自由な人生を求めることなど、自己中心的な考え方だと言われてきた人もいるかもしれませんが、これは必要不可欠な質問です。一日に何回か、この質問を自分に問いかけてください。自分の欲しいものを明確にすることで、あなたは目標に一歩近づくことができます。

また、好きな食べ物から政治、そしてあなた自身の未来についての考えなど、人生における小さな物事と大きな物事に関するあなたの意見について思いをめぐらしてみてください。モラルハラスメントのある関係にいると、女性は自分の意見は馬鹿げていると言われることが多くなります。彼女たちが自分の信念を口にすると、パートナーは怒った様子を見せます。こうしたやりとりが続くと、女性は自分自身の視点を持つという感覚を失い、パートナーの考えを自分自身の考えとして受け入れ始めてしまいます。自分自身の意見や視点を取り戻すことは、ふたりの関係についてどんな決断をしようとも、自分が様々な考えを持つ独立した個人であることを自覚する手助けになります。

● 関係を続けているなか、最も恐れていることは何ですか？
● 関係が終わることで、最も恐れていることは何ですか？
● どちらの恐れが起きる可能性が高いですか？
● どちらの道を選ぶにしても、最善の結果を得るために、あなたは何を変えられますか？

これらは難しいですが大切な質問です。繰り返しになりますが、専門のカウンセラーや支援者や信頼できる友人に話をしてください。もしも安全な場所に保管できるなら、これらの問いについて日記をつけることを考えてみてください。

あなたはいま、関係を終わらせるかどうかの岐路に立っています。きっと恐れや悲しみ、怒り、混乱などが入り混じった状態にあるでしょう。おそらく本当の孤独を味わっています。あなたが彼との関係に問題があることを隠していたのは、恥だと思っていたから、パートナーから言わないように頼まれたから、あるいは人から自分やパートナーのことを悪く思われたくなかったからでしょうか。彼との関係について友人や家族に何かを隠している場合、あなたがいま置かれている状況を彼らが把握できない可能性が高くなります。

あなたが自分の決断を他人に理解してもらえないと恐れていても、それは自然なことです。

あなたがなぜ彼の元に留まっているのか、あるいはあなたがなぜ今、彼と別れることを考えているのか、他人は理解してくれるでしょうか。彼との関係でかつてどれだけ素晴らしいことがあったのかは、他人にはわかりません。同様に、悪いことについて他人が知らないのも当然のことです。もしもパートナーがあなたを支配してはいるけれども身体的な暴力はしていないとしたら、彼の行動が虐待的なものかどうかをあなたが判断するのは、より難しくなります。彼と一緒に暮らさない方が生活がうまくいくという確信を持つのは難しいことです。きっとあなたは、もしも彼との関係を終わりにしたら、お金や子どものこと、家、自分の安全、そしてそれ以外の多くの問題はどうなるのだろうと心配しています。自分は彼に借りがあると感じている人もいるでしょう。

パートナーがいないと生きていけない、あるいはパートナーは自分がいないと生きていけないとあなたは信じ込んでいます。関係を終わらせることは、特に最初は本当に辛いことですが、痛みは時間とともに薄れていき、新しい可能性が生まれます。自分の行動が制限されたり、侮辱されたり、パートナーを怒らせないかと恐れながら常に注意深くふるまうような関係のなかで生きていく必要はありません。彼との関係がうまくいくよう努力をしてきたとしても、その状況が受け入れがたいものならば、関係を終わりにする時がやってきたのです。

パートナーは、君を愛している、君と一緒にいたいと思う人間は僕だけだとあなたを説得したことでしょう。彼はあなたの自尊心をすり減らし、もしもふたりの関係を終わりにしたら、君はもう誰も愛さないし誰からも愛されないとあなたに信じさせようとしてきました。これほど熱烈で深い愛に出会うことは二度とないのではとあなたは不安になっています。もちろん未来に何が起こるかは、保証されるものではありません。しかしあなたを本当に愛している人間は、あなたの自信を高めようとしてくれる人であって、踏みにじろうとする人ではありません。その人は、あなたを自己嫌悪に陥らせる人ではなく、あなたがどれだけ愛すべき人間であるかを言ってくれる人です。パートナーがあなたを失いたくないと思っていても、本当にあなたを愛している人間は、あなたが物事を終わらせようとしている時にあなたを傷つけたりしません。もしも関係を終わらせようと決め、嫌な気分になったとしても、あなたは悪いことをしているわけではありません。親密な関係を含めて、あなたには自分自身の人生を決める権利があるのです。

もしも子どもがいる場合、子どもたちがこのモラハラ関係を、人がお互いをどのように扱うかについてのお手本としてしまうのは良いことではありません。子どもは両親が自由に生き、満足している姿を見るべきです。パートナーがいつもお互いに優しく行動している姿を見るべきなのです。

マーガレットはかなり突然に、夫と別れることを決めました。長年にわたって彼の支配と言葉による虐待に耐えてきましたが、ある日、朝食の席で夫が彼女に屈辱を与えている時の子どもたちの表情に気づきました。「子どもたちのために彼と別れることにしました」と彼女は言いました。「私は子どもたちのためを思って彼と一緒にいましたが、彼らが私たちをしっかり見ていて、私たちの姿からどう行動するべきかを学んでいることに気づいたのです。あの子たちにはちがうお手本をあげたいと思いました」

「子どもたちを守る」（282頁）も見てください。

8 関係を続けますか？　何かを変えたいですか？

モラハラ関係を続けている人々には、さまざまな理由があります。関係を続けるかどうかを決断しようとしている時、自分の決断が「良い」ものかどうかを知るのは非常に難しいものです。二、三年後に自分の決断を振り返って、後悔するでしょうか。残念ながら最善の道を指し示してくれる魔法の杖はありません。しかしあなたがモラハラ関係に囚われていても、あなたの安全を向上させる方法はあります。そしてもしもモラハラ男が自分は変わりたいと言うならば、彼が本当に変わっているかどうかを評価する方法はあります。

関係を続ける

モラハラ男が本当に「更生可能」な場合もあるが、ほとんどの場合は不可能である

あなたは自分がモラルハラスメントの対象になっているとわかっていても、少なくともいまは彼との関係を続けるという決断をするかもしれません。この章では、その関係を続けるなか、より自由で、より危険を少なくするためにはどうすればよいかについて説明していきます。この章に書かれた方法について考える過程で、自分が最終的に関係を終わらせたいのか、それとも続けたいのかについて答えが見えてくるはずです。モラハラ男が本当に「更生可能」な場合もありますが、ほとんどの場合は不可能です。

次の提案は、あなたの安全を守り、将来の展望を持ち続ける手助けになるでしょう。

- たとえば、友人、近所の人たち、家族など、パートナー以外の人々と連絡を取り続けましょう。
- コーラス、読書グループ、学校のPTAなど、グループや団体に参加しましょう。これによって「世界に」所属し、孤立を避けることができます。

●専門家に助けを求めましょう。DVの支援者、カウンセラー、サイコセラピストなど、あなたの問題に関する知識を持っている人々に連絡をしてください。友人があなたに専門家に会うのを勧めるのには、彼らなりの理由があります。もしかすると、あなたから同じ話を何度も聞くのに疲れたのかもしれません。また、被害者となっている人間は、恥の意識があるため、友人にはすべてのことを話さない傾向があります。このため、専門家にすべてを包み隠さず話をすることは、大きな救いとなります。

●財政状態を立て直しましょう。モラハラ男が何らかの手段を使ってパートナーとの共有財産、あるいは彼女の持ち物に対しても、自分名義で所有権を登録してしまっている場合があります。このような状況になった場合は、安全が確保出来るならば、仮に彼と別れるつもりでなくとも、この状況を改善してください。弁護士と話をしましょう。たいていの場合、女性支援センターは、モラハラ男が女性の財政を操る方法を熟知し、あなたの権利を守る手助けをしてくれる弁護士を紹介してくれます。虐待を受けている女性を無償で助けてくれる弁護士もいます。

●定期的に外出する習慣を作りましょう。たとえば毎日、ゴミを捨てに出る、散歩に行く、新聞やガムを買いに行くなどの習慣を作りましょう。この活動は虐待が起こりそうになった時、出かける言い訳として使うことができます。

●重要な電話番号と書類のコピーを保管しておきましょう。家以外の安全な場所に保管しましょう。これによって自分は安全だという感覚をもつことができます。

●目標のリストを作りましょう。そしてそのリストを安全な場所に保管しましょう。たとえば一年以内に学校に戻りたい、二週間おきに姉を訪ねたい、一カ月以内に仕事を探し始めたい、毎日散歩に出かけるといったことを書き出します。簡単に達成できそうな小さなことから、目標に順番をつけてください。最も必要不可欠だと思われるものには星印をつけます。小さな目標と同時に、人生の大きな目標も入れてください。なぜなら夢は自分の中で明確にして初めて成し遂げられるものであり、次にはそれを現実にするための最初の小さなステップを踏み出すことができるからです。あなたの目標について他の人と話し合ってください。目標達成に取り組みましょう。自分がそれを成し遂げているところを想像してください。計画を立てましょう。そうしても安全なようなら、あなたの目標についてパートナーと話をし、彼に応援してもらいたいと言ってみてください。彼の返事はあなたに有益な情報をくれるはずです。彼の言葉での支援はもちろん歓迎されるべきものですが、あなたが目標を達成するために彼が実際にどんな助けをしてくれるかの方がさらに重要です。それとも彼はあなたの邪魔をするでしょうか。

我慢の限界を決めるのはあなたである

●あなたの限界についてのリストも作りましょう。そしてそれを安全な場所に保管してください。たとえば、「パートナーから身体的な苦痛を受けることを拒否したい」と書き出すのです。あるいは「何も悪いことをしていないのに非難されたくない」と書きましょう。我慢の限界を決めるのはあなた自身です。決断をするのはパートナーでも、子どもでも、あなたの宗教でも、家族でもありません。そうしても安全だと思えるなら、あなたの限界について、ひとつずつパートナーに話してみましょう。彼がどんな反応を示すか見てみましょう。もしも彼が怒り出し、君は僕の行動を指図するのかと言うならば、それは彼が変わる気がない証拠です。また、彼は「弁護士の手紙」には従い、たとえば、平手打ちするのをやめ、あなた宛の郵便物を開けなくはなりますが、あなたを乱暴にわし摑みにすることや、あなたの携帯電話を見たりすることは続けるかもしれません。あなたが作る限界のリストは法的な書類とはちがいます。もしもパートナーが「弁護士の手紙」に記されていない虐待をこっそりやりたいと思っているとしたら、彼はそういう人間であるという有益な情報をあなたに与えていることになります。このリストはあなた自身の価値を宣言するものです。パートナーがあなたを愛していると言っても、相手の意思に関わらず、あなたには暴力と支配のない自由な人生を生きる権利があります。

あなたには暴力と支配のない人生を生きる権利がある

●毎週、時間を決めましょう。あなたの目標に向けての進捗状況を、毎週、決まった時間に評価しましょう。関係は正しい方向に向かっているでしょうか。

●法的なカウンセリングを受けることを考えましょう。収入や子どもの親権について専門家のカウンセリングを受ければ、将来、別れを決めた時点で、どんな物事に直面するかがわかります。

●セーフティプランを立てましょう。これまでにリストに記された項目を含めたセーフティプランは、彼との関係のなかで安全に過ごすための手助けになります。

これらの提案には「セーフティゾーン」を作ることが含まれています。あなたが自由で自分らしくいられる場所や、人間関係や、趣味を作りましょう。

彼との関係について注意深く見直していくなか、激しい苦痛を感じる時もあるでしょう。自分ひとりで戦わないようにしてください。誰かの助けを求めてください。他の人々とのつながりは、彼との関係の問題点について考える過程で強い心を持ち続ける手助けになります。

もしもモラハラ男が変わりたいと思っているとしたら

パートナーを支配しているモラハラ男は、現在の状況から恩恵を受けています。自分を恐れ、常に自分の要求を優先してくれる女性がいることで、自分が強い人間で、愛されていると感じる男性もいます。モラハラ男のなかには、パートナーに対して強引な態度を続けていれば、彼女は自分から離れていかないと思い込んでいる人もいます。

しかし、モラルハラスメントをする男性でも、純粋に変わりたいと思う時はあります。パートナーや子どもたちを身体的に、あるいは感情的に傷つけたことを心から後悔しているか。自分のモラハラ行為によって警察に捕まって有罪になるのを恐れ、違う人間になりたいと思っているか。過去にあまりにも多くのパートナーを失ってきたことで、ついに変わろうと決心したのか。怒るのに疲れたか。ひとりぼっちで誤解されていることに疲れたか。人を監視し続けることに疲れてしまったか。自分自身の嫉妬心で消耗してしまったのか。あるいは自分がなりたくないと思っていた人間、おそらく父親か義理の父親に自分が似てきていることに気づいたのか。その理由はさまざまでしょう。彼は本当に変わる準備が整ったでしょうか。

次に、モラハラ男が本当に変わりたいと思っている時にするべきことを順番にリストアップしました。自分が該当するものすべてに彼は取り組まなくてはいけません。自分の好きなものだけを選ぶことはできません。そしてこのプロセスには、パートナーや前のパートナー以外の人間の助けが必要です。自分の習慣をひとりで変えようとした多くの男性が失敗しています。助けを求めることは、よりよい結果を確かなものにしてくれます。

モラハラ男は、次のことをしなくてはなりません。

●**自分が本当に変わりたいと決意すること。**彼は一年後、同じような気持ちで、同じように他人を傷つけながら、同じように苦しんでいたいでしょうか。自分は変わるのだという強い決意があれば、そのために必要とされる困難な仕事をやり遂げることができます。

●**変わることに対して彼自身の動機を見つけること。**妻やガールフレンドは、彼が何をしようと彼との関係から離れていく可能性があります。また、すでに離れてしまった場合もあるでしょう。彼は、彼女を自分に結びつけておくためではなく、自分自身のために、そしてこれから生まれるかもしれない未来の関係のために変わることを決断しなくてはなりません。

●**他人を非難するのをやめる。**彼のモラハラ行為は、妻やガールフレンドのせいでも、両親や上司や社会のせいでもありません。モラハラ行為、つまり虐待的、支配的な行動は、毎回、彼自身が自分で選んでしていることです。仮にパートナーが彼を怒らせるようなことをしたとしても、彼は自分自身の行動に責任をもたなくてはなりません。

●**虐待者のための介入プログラムに参加する。**これはパートナーに身体的暴力をふるっていなくても参加するべきプログラムです。もしもパートナーを強制的に支配している場合、このプログラムで紹介される、多くの同様の改善法が当てはまります。最も効果をあげているグループでは、参加者は毎週、六カ月にわたるミーティングに参加します。すべてのセッションに参加する覚悟が必要で、途中でやめてはいけません。これらのグループに参加し始めた男性の多くが、耐えられずにやめてしまいます。どれだけ行くのが辛くなっても、辛さが増していったとしても、絶対にやめないという決意が必要です。世話役の人や他のグループのメンバーが、はるか以前から最近に至るまで、彼がとってきた様々な虐待的、支配的な行動について理解する手助けをしてくれます。責任のある人間になることは簡単ではありませんが、参加した多くの男性が、ミーティングへの参加が救いになったと報告しています。グループでは、他の男性をもっと信頼し、彼らとオープンに話す方法も学ぶことができます（怒りの対処法を学ぶ「アンガーマネージメント療法」は、モラハラ男には向いていません。アンガーマネージメント療法は、プログラムの期間が短く、一般に「瞬間的な怒り」を爆発させる男性に対応した内容となっています。このプログラムはパートナーへのモラハラ行為に特定した内容にはなっていません）。

● **（妻やガールフレンドを含めて）女性がひとりの個人であることを受け入れる。**彼女には彼とは異なる意見、夢、希望があります。パートナーのすべての人生は、彼を中心に回るべきではなく、彼女は自由に自分の意見が言える状態にあるべきです。

● **自分にすべての決断を下す権利があるという考えを捨てる。**彼が男性であり、ほとんど、あるいはすべてのお金を彼が稼いでいるとしても同じです。

● **パートナーの限界を尊重すること。**それが自分の希望に沿わなくとも、もしも彼女が話をしたくない時、話を聞きたくない時、セックスをしたくない時があれば、それは彼女の権利です。彼女が「ノー」と言ったら、彼は自分の意見に無理やり従わせることなく、それを受け入れなくてはいけません。彼と同じように、もしも彼女が望めば、関係を終わらせる権利を彼女は持っています。

●パートナーの自立を尊重すること。彼女には友人を選ぶ権利があります。彼女はプライバシーを持つに値する人間です。そして彼女は侮辱や、脅しや、恐れや罰のない人生を生きる価値のある人間です。

●関係が終わりになることとの恐怖を考えないようにする。男性のなかには、彼女との関係をあきらめるくらいなら死んだ方がましだと信じている人もいます。それで彼女が去っていかないように彼女を支配しているのです。彼らの執着心は非常に強く、別れることを死ぬことのように感じています。しかし別れは死ではありません。もしもそれが彼の通るべき道ならば、彼は別離と向き合い、生き延びることができます。人生は生きるに値するものです。痛みは一時のものです。

●これまでとは異なる行動を選択する。自分の行動と言動は、彼自身が制御するべきものであることを認めなくてはいけません。結局のところ、支配的な男性であっても人生で出会うすべての人間を支配しようとするわけではありません。おそらく彼は自分のパートナーと、場合によっては子どもたちを支配しようとしているだけです。彼は自分の近くにいる人々を支配したり、虐待したりしてもよいという許可を自分自身に与えてはいけません。

●**愛を再定義する。**これによって愛を嫉妬による行動や支配的な行動の言い訳にすることができなくなります。愛には尊重と優しさが必要です。愛の名のもとにすべてが許されることはありません。

●**彼が望むならばドラッグやアルコールの乱用、あるいは心の病の治療を受ける。**鬱や不安症、トラウマ、あるいは薬物乱用の問題を解決した場合、彼のモラハラ行為は軽減されるかもしれませんが、完全に消え去るわけではありません。これらはモラハラとはまた別の問題です。一方で、彼がこれらの別の問題に正面から取り組まない限り、モラハラ行為を改めることができないのも事実です。「アルコホーリクス・アノニマス」などのアルコール依存症の人々のための組織による十二段階のステッププログラムの実践は、多くの人々の助けになっていいます。

モラハラ男が変わるのは難しい。だが同じ状態でいることもまた難しい

モラハラ男はなぜモラルハラスメントの習慣をやめようと思うのでしょうか。彼の心の内側

にあるものは何でしょうか。モラハラ行為をやめた男性は、自分自身とパートナーの両方が、以前よりも幸せで満たされていることを知ります。彼らの関係はより強く、より純粋なものとして感じられます。ふたりともお互いの友情が深まったことに気づきます。ふたりは真の友情でつながれています。モラルハラスメントの習慣を克服した多くの男性が、自分自身の心が穏やかになったと感じています。変わるのは難しいことです。しかし、モラハラ行為をする人間が同じ状態のままでいることもまた困難です。モラルハラスメントをする男性は、一般に幸せではありません。

モラハラ男が変わったかどうか、どうしたらわかるのか

モラハラ男が自分は変わると約束するのは簡単です。彼らにとって自分の感情や行動を実際に、そして恒久的に変えるのは、ずっと難しいことです。

あなたのパートナーは変わると約束したかもしれません。おそらくあなたはそんな約束を前にも聞いたでしょう。彼はしばらくの間、凄まじい意志の力で自分の行動を一変させるかもしれません。しかし持続する本当の変化には、広範囲かつ長期にわたるプロセスが必要とされます。

彼から他に選択肢を与えられないことが理由で彼と再び暮らし始めるなら、あなたはすでに罠にはまっている

もしも彼との同居を解消した場合、あるいはどうにかして引っ越しをしたか、彼に出て行くようにと説得した場合でも、少なくとも一年間、安定した改善が見られるまで決して彼のもとに戻ってはいけません。その一年間は、あなた自身は自立し、彼はあなたの決断に敬意を払うことを念頭においてください。あなたにはひとりの時間と、他の人たちと一緒にいる時間が必要であることを、彼が尊重するように徹底してください。もしも一年経っても自分が彼と一緒に住みたいかどうかわからなければ、さらに時間をかけてください。再会してしまうと、その先で関係を終わらせるのが更に難しくなります。子どもがいたとしても、自分が居心地の悪い関係に戻る義務はありません。単純に彼から他に選択肢はないと言われているように感じるから戻るのだとしたら、あなたはすでに罠にはまっています。

次にふたつのリストを用意しました。ひとつめは、あなたのパートナーが約束したにもかかわらず変わっていない証拠を示したものです。もうひとつのリストは、彼が実際に変わった場合の証拠のリストです。彼との関係を評価する際には、これらのリストを繰り返し読んでください。

モラハラ男が変わっていない証拠

- 自分がどれだけ支配的で虐待的だったのかを否定する。
- あなたを含め、自分の行動に対して他人を責め続けている。
- チャンスをくれと要求する。まるでそれがあなたの決断ではなく自分にその権利があるかのように。
- 自分が悪くなったのはあなたのせいだと主張する。
- あなた、あなたの子どもたち、そして他の家族や友人たちから同情を買おうとする。
- あなたの要望にかかわらず、家に戻ってくること、カップルカウンセリングに通うこと、あるいは関係を続けるための別の方法を強要する。
- 虐待、心の病、薬物乱用などの問題解決に向けた治療を拒否する。あるいはこれらの治療を続けるべきだとあなたが言い続けなくてはならない。
- あなたが一緒にいて支えてくれないと自分は変われないと言う。
- 自殺、暴力、子どもを取り上げる、あるいはその他の極端な行動をすると脅す。

あなたの前のパートナーが変わったことを証明するのは、「口だけ」ではなく「行動で」示すことができたかどうかです。変わると口で言うのは、違う人間になるよりもはるかに簡単なことです。ここにリストアップした項目は警告の赤信号として機能します。これらはモラルハラスメントによる問題がいまも続いていることを示しています。

モラハラ男が変わった証拠

これらの変化が意味のあるものとなるためには、その先も続いていかなくてはなりません。

- あなたが彼を信頼できるようになるまでに何年かかろうと、彼は喜んで待つつもりでいる。あなたの準備が整うまで、あなたに決断を迫ったり、行動に出たりしない。
- あなたを脅したり、怖がらせたりしない。
- 仮に内容に同意しなくても、あなたの話に敬意をもって耳を傾ける。
- 身体的な接触や、あなたの家を訪れることに対して、あなたが「ノー」と言った時、彼はあなたの決断を尊重する。

●あなたは自分の意見や怒りや不満を、罰を与えられたり、大声で反論されたりすることなく、自由に表現することができる。
●あなたが友人や家族と過ごすのを邪魔したり、他人と連絡をとることで罰を与えたりしない。
●自分の行動に対して責任を持ち、あなたや他人のせいにしない。
●自分のふるまいが悪かったことを認め、それが自分のわがままだったと認識し、単に「怒りっぽい」からでも、アルコールのせいでもないことを認めている。
●自分が危害を加えて傷つけた人々に対して、態度を改めたいと思っている。
●虐待者のためのグループや他のカウンセリングが必要ならば、喜んで継続する。
●自己本位な要求や支配的な行動をすることなく、あなた（と子どもたち）に対する敬意、優しさ、思いやりが継続している。
●自分の気分に責任があるのは自分自身であることを理解し、怒りや不満を他人にぶつけていない。
●自分の失敗を認め、虐待的な行動を変えることに責任をもっている。
●過去のモラハラ行為を認識しており、支配や虐待が他人に与える影響について説明することができる。
●過去に自分の行動を正当化してきたことを確認しており、それが間違っていたと思っている。

- 以前は自分がどんな行動を取っていてもそれがあたりまえだと思っていたという自覚があり、今は共感的で協力的な考え方に変わっている。
- 過去の行動を繰り返さない決意があり、それが一生を通じておこなわれるべきプロセスだと理解している。
- 怒りを爆発させることなく、感想や批判に耳を傾けることができる。
- もしもあなたが関係を終わらせる決意をしたら、彼はたとえ自分が悲しくとも、その決断を受け入れる。自分と一緒にいたいと思っていない相手とは、付き合えないことを理解し、あなたに決断をする権利があることを理解している。
- 銃保持の権利についての政治的見解にかかわらず、彼女に安全でないと感じさせてしまった過去があり、現在は、パートナーに安全だと感じてもらいたいと本当に思っているなら、彼は銃をもつことを諦めるはずである。

モラハラ男が身体的暴力をやめるとき

男性が変わると決めた時、あるいはサイコセラピーや虐待者のグループに参加した時、彼は比較的早く、少なくともしばらくの間は身体的虐待をしなくなります。彼はもはや暴力的ではない人間で、サクセスストーリーのようにも見えます。しかし彼はいまも、さまざまな非暴力的な方法であなたを支配しようとしています。彼は作戦を変更しましたが、モラハラ的な考え方は変わっていません。

一番下の子どもが一八歳になったとき、バーニスは荷物をスーツケースに詰め、車で四時間ほどの場所にある両親の家に引っ越しました。夫のジェフは彼女に戻ってきてほしいと懇願しました。数週間後、バーニスは、ジェフがサイコセラピーを受け、毎週日曜日に教会に通い、彼女を叩いたり、突き飛ばしたり、わし掴みにしたりしないことを条件に彼のもとに戻ることに同意しました。ジェフはこれを承諾し、セラピーを受け始めました。バーニスは、もしもまた自分に手をあげたら、あなたのもとには永久に戻らないと彼に言いました。彼女が家に戻ったとき、ジェフは最初、とても愛情深いように見えましたが、それはすぐに色褪せました。ジェフは十回もサイコセラピーを受け、彼女と一緒に教会へ行きましたが、ふたりの基本的な力関係は変わっていませんでした。ジェフはバーニスにきつい言葉を使い続け、すべての物事を自分が決め、自分の要求を常に満たしてもらうための人生をバーニスに強要しました。ジェフは二度とバーニスを叩くことはありませんでしたが、彼女は安全だとも自由だとも感じていませんでした。

支配的な物の見方を変えるのは難しい

モラハラ男が身体的暴力をやめるのに成功したとしても、支配的な態度や習慣を改めるのには失敗してしまう可能性があります。支配的な物の見方を変えるのは難しいことです。

あなたのパートナーが変化の過程を終え、あなたが十分に安全だと感じたら、この本について彼と話し合ってください。もしもそれが安全だと思えないとしたら、それは彼があなたをまだ怖がらせているかどうかの尺度となります。もしも彼があなたを試し、罰を与えているとあなたが感じているとしたら、彼は変わっていません。彼が「間違えて」あなたを支配したり脅したりしたら、彼は変わっていません。彼が簡単に変わると思ってはいけません。モラルハラスメントの行動様式は根深いものであり、支配する側の人間に確実な優位性を与えます。あなたのパートナーはおそらく簡単にはこれを手放さないでしょう。そしてモラハラ行為をするほとんどの人間は、この優位性を手放す気はまったくありません。

9 関係を終わらせる

モラハラ男との関係を終わらせると決意することは、非常に大きな一歩であり、その決断をした被害者は孤独と恐怖を感じています。第9章は、モラルハラスメントの被害者となり、その関係を終わらせる決心をした人々のために書かれています。この章では、あなたの身の安全を確保する方法と、確実に助けを得る方法を説明していきます。また、モラハラ関係を終わらせる際にパートナー、あなた自身、子どもたち、そして他の人々がどのような反応を示すかについても見ていきます。

モラハラ関係は非常に過酷である。モラハラ男は毎日、あなたのほとんどすべての瞬間を支配しようとする

モラルハラスメントの関係は非常に過酷なものです。モラハラ男は毎日、あなたのほとんどすべての瞬間を支配しようとしています。ある女性は、彼と別れるための最初の大事なステップは、まずは短時間でも彼から離れることだと言っています。

四五歳のレネーは英語教授で、英語学部の学部長を務めている五五歳のドンと結婚していました。外見上は、ふたりは魅力的な人生を送っているように見えました。快適な家、一〇歳と一一歳の男の子と女の子、時間に融通の利く職業。夕食時の家族の会話も賑やかなものでした。

しかし子どもたちが生まれる前、ドンは何回か大声を出して怒り出し、レネーの頬を叩いたことがありました。一度は痣が消えるまで、授業をまる一週間休まねばなりませんでした。子どもたちが生まれて以降は痣が残るような方法で彼女を叩くことはなくなりましたが、別の方法で彼女を傷つけていました。彼はセックスの時、度々、彼女を乱暴に扱いました。ドンは家に関して非常に綺麗好きで、自分が「汚い」と思えば、彼女の腕を引っ張ってその場所まで連れて行き、何が起こったのか説明しろと彼女を問い詰めました。彼は砂糖と小麦粉と肉をまったく食べないという厳しい食事療法を自分に課していて、レネーと子どもたちにも同様の食事を強要しました。

付き合い始めて数年が経った頃、ドンは彼女とは別に、自由にガールフレンドを作りたいと宣言しました。ドンはレネーに、君はただ嫉妬心を「克服」すればいいのだと言いました。両親がいつも喧嘩をしていて、遂には離婚してしまった家庭に育ったレネーは、子どもたちのために調和のある完璧な家庭を守ろうと心に決めていました。彼女は家族以外の人と話すことを恐れていました。なぜなら彼女の夫は権威のある職に就いており、彼の評判を守りたいと思っていたからです。自分はドンと一緒に歳を取っていこうとレネーは決めていて、ドンもきっと歳を取れば人間がまるくなるのではないかと期待していました。

ある夏、別の州に住むレネーの妹から家に遊びに来ないかと連絡がありました。レネーは行くと答えました。子どもたちはその時期すでにサマーキャンプに参加する予定になっており、ドンがどれだけ不満を言っても、レネーは自分の意思を曲げませんでした。

ドンから離れて一週間を妹と過ごした後、レネーの物の見方はすべてが変わっていました。最初の数日はドンからの頻繁な電話やメールに答えていましたが、週の終わりに近づくにつれ、一日一回話すだけで十分だと決め、ドンにそれを伝えました。彼女はこれまでの何年もの間と比べ、自分がずっと自由だと感じていました。彼女を悩ませていた頭痛と背中の痛みは消えていました。突然、彼女は自分自身と子どもたちがドンから離れて生活する姿を想像できるようになりました。

旅から戻るとレネーはドンに離婚を切り出し、大きな争いもなくドンはそれを受け入れました。

ほんのわずかの時間でもモラハラ男から離れることによって、別の生き方も可能だと思えるようになったと言う被害者もいます。もしも可能なら、最初はたとえ一日でも数時間でも、モラハラ男から離れる時間を作ってみてください。離れている間は彼と連絡が取れる状態にしておこうと思う気持ちを我慢してください。彼から離れている時間を持つことは、自分が本当に思っていることが何なのかを見つけ、自分の心に耳を傾ける手助けとなります。

支援を求める

友人や親戚のなかの誰があなたを支援してくれるかを考え、彼らにあなたの関係について真実を打ち明けてください。どんな助けが欲しいのかを彼らに伝えてください。もちろんすべての友人や家族が好意的な反応を返してくれるわけではないでしょう（291頁「関係を終わらせた時の人々の反応」も見てください）。家族や友人のなかに、ひとりかふたりでも支援してくれる人がいれば、自分の人生を自分の決めたやり方で生きる力があなたの中に生まれてくるでしょう。

クララはある日、姉のマーナに電話し、急ぎの話があるので彼女の家に行ってもいいかと尋ねました。クララは夫のジョーダンがどんなふうに彼女の人生を支配し、自由を制限しているのか、すべてをマーナに話しました。夫の話はそれまで誰にもしたことはありませんでした。姉妹は肩を抱き合って涙を流しました。クララはジョーダンから自由になる決意をし、姉のマーナは協力を約束しました。残りの家族がどんな反応をするかわからなかったので、クララが実際に家を出るまで両親やほかの兄弟には言わないでおくことにしました。

クララは地元の女性支援センターの支援者との初めての面談のとき、マーナに付き添ってもらいました。支援者の助けによってクララはセーフティプランを作ることができました。

クララは自分名義の銀行口座を開き、後に必要になった時のために裁判所から保護命令をもらいました。姉と支援者の助けを得て近所にアパートを借り、子どもたちが同じ学区にいられるようにしました。クララはセーフティプランを含むすべての重要な書類のコピーを姉に渡しました。そして夫が友人と釣りに出かけている週末を利用して、子どもと一緒に家を出ました。子どもたちはショックを受けましたが、どこか安心したようにも見えました。

その週末、彼女が荷物と子どもたちと共に新しいアパートへ移ったあと、クララと姉は母親と兄弟を新しいアパートに呼び出し、彼らに支援を頼みました。クララの決心が固いのを見て、家族は彼女を支えてくれました。クララのふたりの兄弟は、夫が帰宅した際に彼女がひとりにならないように、彼女の家に一緒についてきてくれました。三人は一緒にこの新たな状況について夫に説明し、子どもたちのためにも彼は「受け入れた」方が良いと話しました。彼はそれを承諾しました。彼は動揺し、怒りましたが、おとなしくした方が子どもたちとの時間を過ごしやすくなることを理解しました。彼はクララに身体的な暴力をふるったことはありませんでしたが、結局、虐待者を対象としたプログラムを受けるようになりました。このプログラムは、彼がクララを虐待的に支配していたことを理解する手助けになりました。ふたりはその後、一緒に暮らすことはありませんでした。しかし彼らはそれぞれの家で、親として子どもたちを育てるのに十分なだけ好意的な関係を続けることができました。

DV相談支援センター*

身体的暴力の有無にかかわらず支配的な関係にいる場合は、DV相談支援センターが助けになる

＊ www.thehotline.org（National Domestic Violence Hotline）にアクセスしてください。

ＤＶ相談支援センターは、パートナーが身体的暴力をふるっていない場合でも大きな助けになってくれます。彼がどのようにあなたを支配しているか説明してください。あなたの心配や恐れについて話してください。支援センターには、たいていの場合、関連資料を集めた図書館が併設されており、あなたの助けになるビデオなどもあります。センターによっては、法的なアドバイスを提供してくれる場合もあります。また、地域の情報源についても教えてくれるでしょう。あなたが希望すれば、あなた自身がこの先どういう道を選んでいきたいのかについて、あなたの希望に応じた最善の方法を見出す手助けをしてくれるカウンセラーや支援者を紹介してくれます（２７７頁「セーフティプランを作成する」を見てください）。セーフティプランはあらゆる決断を支援するように作られ、あなたの決断が変われば、それに合わせて変更することが可能です。

ＤＶ相談支援センターは通常、モラルハラスメントを受けている女性に対してサポートグループとの会合を設定してくれます。この支援はあなたに大きな力を与えてくれます。女性の置かれている状況はひとりひとり異なりますが、多くの共通点もまた見出すことができます。他の女性たちと話をするうちに自分自身の状況に対する洞察を深めていくことができます（２７０頁「警察と支援者」も見てください）。

セラピーやカウンセリング

被害者の女性は、女性のための支援機関やコミュニティでカウンセラーやセラピストと個別に面談することによって有意義な結果を得られるでしょう。適切なセラピストやカウンセラーはあなたが関係を続けるか、やめるか、どちらを決断するかに関係なくあなたを助けてくれます。モラルハラスメントを理解している専門家を見つけることを忘れないでください。多くのセラピストはまだこのコンセプトを知らず、女性について、男性について、そして親密な関係について間違った考えをもっているかもしれません。面会にはこの本を持参し、セラピストに読んでもらってください。セラピストが心からあなたの話を聞き、あなたを信じ、あなたが関係について話す時に恥ずかしさを感じないようにしてくれているかどうかを確認してください。適切なセラピストはあなたの自尊心を回復させる大きな助けとなるでしょう。

一方、あなたの関係の問題はあなた自身のせいだと言うセラピストがいるかもしれません。そんなセラピストは、あなたが頑張っていないせい、あなたが虐待的な状態を楽しんでいるせいだと言います。また、彼とあなたの間の力の不均衡を無視するか、あるいは正当化することもあります。もしもセラピストが、多くの宗教的なカウンセラーと同じように、何があっても婚姻生活は続けるべきといった偏った考え方の持ち主だった場合、そのセラピストはあなたが現在置かれている状況が与える危害を過小評価しています。もしもセラピストがあなたの役に立たなかったら、次へ進みましょう。他のセラピストを探しましょう。

リアは週に一回、一〇週間にわたってサイコセラピストに会う計画を立てていました。それが彼女の保険の支払い枠の上限だったからです。彼女は保険会社を通じてそのセラピストを見つけました。セラピストは概ね彼女を支えてくれて、リアはいくらか自信を取り戻し始めました。四回目の面談でセラピストのことを遂に信頼できると思ったリアは、ダロンの絶え間のない要求と、常に彼に監視されていると感じていることについてセラピストに話しました。セラピストは状況を理解しているようには見えず、何の現実的な解決策も提示してくれませんでした。リアは嫌な気分になりました。リアの地元にある、虐待を受けた女性のための支援センターが、別のセラピストを彼女に勧めてくれました。新しいセラピストはすぐにリアの置かれている状況を理解し、支援を申し出てくれるのと同時に彼女が支配的な関係から自由になり、立ち直るのに必要な情報源を教えてくれました。

従来のカップルセラピーや調停は、身体的暴力や強制的な支配が含まれる関係には役に立ちません。むしろ危険な場合もあります。カップルセラピーや調停を実りあるものにするためには、カップルのそれぞれが自由に、恐れることなく話ができる状態である必要があります。モラハラのある状況では、カップルの一方は完全に自由というわけではありません。その一方とは、たいていの場合女性となりますが、彼女には、彼女自身のための個人的な支援や、彼女自身のセラピストや弁護士が必要です。モラハラ男はカップルセラピストや調停人を操ることが出来てしまいます。彼女のことを不安定だ、被害妄想だ、感情的すぎる、あるいは支配的だとまで言って問題の原因が女性にあると彼らに信じ込ませます。支配的な関係に囚われた女性がカップルセラピーや調停への参加に同意してしまうと、自分をリスクに晒すことになりかねません。

医療機関の助け

あなたの状況によっては医療機関の受診も考えてみましょう。受診の際には、あらかじめ自分が何を求めているのかをはっきりさせてから話をするようにしてください。たとえば、次のリストを見てください。

- 彼との関係が元でケガをしましたか？
- 法的手段を取る可能性を考えて、痣やその他のケガの診断書を書いてもらいたいですか？
- 性病や、その他の症状について検査をしてもらいたいですか？
- 妊娠している可能性はありますか？
- 自分の感情面で心配事がありますか？　もしもその場合、薬の処方、励ましの言葉、カウンセラーの紹介を希望しますか？
- 彼との関係で性的な心配事はありますか？
- あなたと子どもの安全を確保するためのシェルターは必要ですか？
- ストレスから病気になっていませんか？　具体的な症状について話す必要がありますか？

医療機関も本来は質問すべき家庭内での暴力や支配についての状況を聞き忘れてしまうことがあります。もしもそういった助けが必要な場合、あなたは医療機関に何が起きているのかを伝える必要があります。被害者が医療機関に虐待やモラルハラスメントの存在について語らず、症状だけを訴えるというケースもよくあることです。

何回かの毎年の定期検診の時、エレナは睡眠障害や不本意な体重増加、セックスへの興味を失ったことや憂鬱、頭痛などの症状について医者に訴えていました。しかし彼女は同棲しているボーイフレンドが体重を減らせとプレッシャーをかけていることや、口論の際に彼女を侮辱し、彼女を罵り、両親に会えなくさせていることや、嫌がる彼女に頻繁に性行為を迫ることについては話しませんでした。医者は彼女の症状に対してさまざまな治療法を提案してくれましたが、彼との関係についての情報なしには、これらの治療は彼女の救いにはなりませんでした。彼女の問題は人間関係の問題であり、医療が対応するものではなかったのです。

エレナのような状況は非常に一般的なものです。彼女が訴えたような症状や消化器官の不調、背中や首の痛みなどの症状は、多くの場合、ストレスに起因しています。モラルハラスメントのある関係が苦痛の原因かもしれないのです。最善の対応は、あなたが置かれている社会的な状況と身体との関連性について理解することから始まります。医療機関にあなたの身体が訴えているストレスの原因について話しましょう。本当に起きていることを医者に伝えることは、不必要で高額な、身体に害を及ぼす危険性のある検査や薬、治療などを避けることにもつながります。

残念ながら多くの医療機関は、虐待や支配のある関係に置かれた人々のニーズを理解していません。このため、もしあなたの担当医（あるいは誰でも！）がアドバイスをくれた場合は、そのアドバイスが自分にとって安全と感じられるものかどうか、よく考えてください。

結婚していたとしても、医者はあなたの承諾なしにパートナーと話をしてはいけないことになっています。しかし、もしも心配なら、あなたのパートナーと面識のない別の医者を探し、あなたの医療に関する個人情報を他人に公表しない旨を明確に記した書類を作成してください。パートナーの健康保険に加入している場合は、診察を受けたことが彼に知られてしまいます。彼はあなたの許可なしには医者と話した内容を知ることはできませんが、請求書を見れば、日付と診療機関の名称がわかってしまうでしょう。

医者に頼めば、ＤＶ相談支援センターなど、あなたの住む地域にある、また別の支援機関などを教えてくれます。米国のすべての州において、医療機関は児童虐待（女性に対する暴力とは異なります）を報告する義務があり、また、ほとんどの州で大人の虐待についても報告義務があります。医療機関に児童や大人の虐待について伝えれば、彼らは該当機関に連絡をしなくてはなりません。

警察と支援者

モラルハラスメントの関係から抜け出そうとする時、正しい訓練を受けた警察官は、あなたを強く支えてくれるはずです。警察官はあなたの安全を見極め、該当機関に連絡をし、どのような法的手続きが可能かを一緒に考えてくれます。警察がどのような行動が取れるかは、犯罪が関わっているかどうかや証拠の有無など、あなたが提供する情報によって変わってきます。

警察へ行くと決めたら、ひとりで行く必要はありません。ＤＶ被害者の支援者が、警察から最善の対応を得るために大きな力になってくれます。最低でも証人として友人を連れて行ってください。しかし、感情的になったり、怒り出したり、あなたの代わりに話をしてしまうような人は連れて行かないようにしましょう。

あなたの住む州の法律を知っておきましょう。いくつかの州では義務的逮捕の法律があり、DVの推定要因を発見した際には加害者を強制的に逮捕しなくてはならないと定めています。警察は、暴力の兆候を見つけると、あなたが単にその苦情を記録しておいてほしいだけの場合でも彼を逮捕します。支援者（あるいは関連ウェブサイト）は、あなたの州でどのような選択肢があるのかを教えてくれます。次に何が起こるのか、告訴後にどのような選択肢があるのかを知っておくのは大切なことです。モラハラ男はすぐに逮捕されるのでしょうか？　被疑者が法廷で罪状認否のために召喚されるまでの間（正式に告発されて）、仮の保護命令は発令されるのでしょうか？

あなたが警察に伝える内容（あなたの申立書）は証拠として認められます。これは重要です。警察官から申立書のコピーにサインをするように言われたら、まずは目を通すことを忘れないでください。もしも何か間違いがあれば、サインをする前に訂正してもらってください。中立書を作成する警察官が一定の出来事に対して最低限の事実しか記載しない場合もあります。以前に起きた出来事、脅されたことや、その時の怖かった気持ちやあなたがどう反応したかなどのその他のモラルハラスメントの要因を警察官にきちんと話してください。またパートナーや前のパートナーの行動によってあなたがどう感じたかを警察官に伝えてください。たとえば息ができなくて死にそうだったことなどです。警察官に尋ねられなくても自分から言いましょう。彼に言われた言葉で子どもたちが傷ついているのではないかと心配しているなら、それを話してください。あなたが情報を与えることによって警察は、痣、壊れた家具、留守番電話に残った脅しのメッセージ、家屋への侵入など、暴力と脅しの証拠を文書にすることができます。

警察に通報すると、彼らにはあなたの申し立てを捜査する義務が発生します。あなたが不法滞在者で在留資格がなくとも、警察はあなたを助けることができます（第2章で触れた通り、DVの被害者女性には特別の査証《ビザ》が支給されます）。警察に連絡をすると決めても、在留資格がないことで彼らが対応に難色を示すのではないかと心配な人は、DVの支援者に一緒にいてもらうようにしてください。

暴力を受けた後、しばらく時間が経ってから通報する場合は、あなたの選択肢やセーフティプランについて話し合うために、警察よりも先にDV相談支援センターに連絡をする方が良いでしょう。少なくともすぐに警察の手にゆだねる道を選ばないという選択もあるでしょう。家の安全を確保することや、保護命令を出してもらうことの方があなたの状況に合っている場合もあります。

残念ながらすべての警察官が親密な関係におけるモラルハラスメントや暴力への対応能力があるとは限りません。あなたの証言に疑問の余地があると判断され、被害者として苦しんでいるひとりの人間として扱ってもらえない可能性もあります。なかにはあなたの申し立てを却下する無神経な人もいます。DVのケースを担当する警察官を探してください。地域の警察にDVを専門とする警察官がいない場合は、監督部署に連絡を取るか、最善の対応をしてもらうため支援者を連れて行ってください。

支援者のなかには性的暴力とDVの両方の問題に対応できる人もたくさんいます。支援者は、DV相談支援センターだけでなく、警察署や検察当局に所属している人もいます。支援者と話をする際には、どこに所属しているのか、そして情報の共有にあたってその支援者が守らねばならない規則について尋ねてください。DV相談支援センターに所属する支援者は、警察と連携する際には、たいていの場合、あなたの望むことだけを警察に知らせます。しかし警察署や検察当局の直属で働いている支援者は、あなたの秘密を守れない可能性があります。

DV相談支援センターに所属する支援者は、被害者と警察の両方と緊密に連絡を取り合います。支援者たちは地元の手続きや法律に精通しています。告発によって得られる利点と不利益について検討する手助けをし、最適なタイミングについても考えてくれます。また、手順の進め方についてもあなたの決断を尊重し、思いやりがあって頼りになる警察官をあなたに引き合わせる手伝いをしてくれます。

支援者はまた、被害者が警察や検察、法廷でどのように自分を見せたらよいのかについても教えてくれます。これによって告訴という次の段階に進んだ際に、あなたの望む結果が得やすくなります。

モラハラ男が警察関係者である場合や、以前に警察との間で嫌な経験がある場合など、警察と連絡を取ることに不安を感じる女性もいます。その場合はDV相談支援センターに連絡を取り、別の選択肢を検討してください。もしもモラハラ男があなたが申し立てをしようとする警察に所属している場合、あなたの申し立てを調査するのは「容疑者」よりも上の階級にいる人間であるべきです。

関係を終わりにした時、モラハラ男はどう反応するのか

あなたが関係を終わりにしたら、モラハラ男はどのような反応をするでしょうか。あなたは彼を知っています。彼はどういう反応をする傾向がありますか？　彼が嫉妬深く、暴力的で、脅しをするような人間だった場合は、注意深く物事を進めてください。彼と付き合っている間にストーカー行為をされたことがあれば、ストーカー行為は継続され、一時的に悪化すると考えておいた方がよいでしょう（286頁「ストーカー行為をされたら」を見てください）。もしも彼があなたや他人の安全を直接に、あるいは密かに脅かすようなことがあれば、警察あるいはDV相談支援センターに連絡をしてください。自分と家族の危険に対してあなたの直感に従ってください。あなたは誰よりも彼のことをわかっています。

別れを阻止しようとするパートナーの行動に備えてください。過去に別れを思い留まるよう説得されたことがあれば、きっとまた同じ作戦を使うでしょう。あるいは新しい方法を考え出すかもしれません。一緒にいた頃、あなたの自由を制限しようとしたことがあれば、あなたが

別れる決断をしたからと言ってそれをやめることはないでしょう。

別れた後、あなたに虐待を続けることによって失うものが多いと感じたら、彼がモラハラ行為をやめる可能性は高くなります。たとえば新しいパートナーを見つければ、あなたを手放すことにするでしょう。しかしモラハラ男のなかには、再婚し、あるいは誰か別の女性と暮らし始めても、前のパートナーに嫌がらせを続ける人もいます。新しいパートナーの女性を嘘で巧みに言いくるめて、あなたに嫌がらせをさせる男性もいます。その女性は自分の行動が正当な行為だと信じ込んでいます。法的手段で脅され、自分の評判を守りたいと思えば、彼はあなたを解放してくれるかもしれませんし、しないかもしれません。

ミゲルに出て行ってもらうよう彼を説得するのは、最初は何をやってもうまくいかず、「とてつもなく長く険しい道のり」だったとパトリシアは言います。彼は自殺してやると言って彼女を脅しました。パニック発作も起こしました。酒を大量に飲み、長い時間を費やして彼女にストーカー行為を続けているうちに仕事も失いました。持病の心臓疾患も悪化しました。彼は絶望していました。もう一年、もう一カ月、もう一週間、もう一時間、一緒にいてくれと彼女に懇願し続けました。身体的な暴力を露骨にふるわれることはありませんでしたが、パトリシアは地元のDV相談支援センターのカウンセラーに相談をしました。カウンセラーはミゲルの問題を解決する義務がパトリシアにないことを理解する手助けをしてくれました。

ミゲルは二年間、無職の状態を続け、その間に別の女性と暮らし始めましたが、その後もパトリシアに懇願や怒りのメッセージを送り続け、時には卑猥なメッセージまで送っていました。ついにミゲルが公務員としての新しい仕事を始めた時、彼は世間の評判についてよく考えた末、彼女から手を引きました。

前のパートナーを「取り戻す」ためにロマンチックな行動を取るモラハラ男もいます。彼は花束やチョコレートやカードを贈ってきます。愛に満ちた言葉を記したメモやカードもよこしてきます。こういったロマンチックな態度は、実は脅しや冷酷さの裏返しです。こういった作戦には抵抗しなくてはなりません。あなたと「友だち」になろうとする彼の企てや、「友だち」でいられたらと思うあなた自身の気持ちに抵抗してください。あなたはまだ彼を気遣っている可能性があります。しかし、あなたを残酷に支配してきた人間が友だちで満足するわけはありません。彼と連絡を取り続ければ、またあなたは巻き込まれてしまいます。

彼が彼自身を傷つけるのではないかと心配するなら、他の人に知らせましょう。しかし、それを自分の責任と思ってはいけません。彼が銃を持っているなら、彼の脅しについて警察に通報し、銃の保管場所を教えましょう。

セーフティプランを作成する

彼との関係を続けるか、それともやめるのか。あなたの決断がどちらであっても、セーフティプランは役に立ちます。DVの支援者は、あなたのゴールと状況に合ったプランの作成を手伝ってくれます。同様の情報はインターネットで「個人に適したセーフティプラン」*のキーワードで検索することによって入手することができます。パートナーのことが恐ろしくて、彼とふたりきりの時には、彼に出て行ってくれと言えない、あるいは自分は出て行くと言えない人もいるでしょう。誰かあなたを守ってくれる人に近くにいてもらうようにしましょう。あなたの決断を彼に伝えることは最初のステップにすぎません。自分や家族の近い未来、そして遠い未来を守る方法をあなたは知っておかねばなりません。身の危険を感じているかどうかにかかわらず、注意深く計画を立てておくことによって彼との関係が終わった時に襲われる激しい孤独感を和らげることができます。

パートナーと難しい話をしなくてはならない時は、公園やカフェなどの公の場でするようにしましょう。銃を保管している部屋や、ナイフや庭仕事の道具など他の武器がすぐに手に取れる場所で話をするのを避けてください。浴室、キッチン、ガレージなどは一般に危ないとされる場所で、武器が置いてある場合はベッドルームも危険です。リビングルームは、すぐに外に

* www.domesticviolence.org/personalized-safety-plan

出られるドアの近くにいるようにすれば安全な方だと言えます。

彼に隠れて急いで家を出て行くことを考えていて身の安全に不安がある人は、彼の虐待に一定のパターンがあるかどうか考えてみてください。もしもパターンがあるなら、それに合わせて計画を立てられますか？　家を出るのは彼が絶対にいないとわかっている時にしましょう。最も大切な物を持って誰かに付き添ってもらうようにしましょう。

たとえばベルトや電気コードといった家庭用品など、どんな物でも人の身体を傷つける道具になります。家の中のこういった物をなくすことができないとして、たとえばこれまでにその道具を使って脅された経験があるなど、特に危険だと思う物があれば、できるだけ彼が手に取れない場所に遠ざけてください。そしてあなたの状況にどういった危険があるかについて、事前に警察に連絡をしておいてください。

もしもパートナーが銃を持っていたら

パートナーが銃を所持している場合、これまであなたに銃口を向けたことがなかったとしても、あなたはさらに危険な状態にあると言えます。米国の連邦法と州法では、DVで有罪判決（罪の重さにかかわらず）を受けた人間は、通常、銃の所持を禁じられています。この禁止法令は、警察、軍隊、刑務所、警備など銃の使用が必要とされる職業の人にも適用されます。もちろん、このように法律で定められているにもかかわらず、DVで有罪になった人間の多くがいまも銃を購入し、所有できてしまっています。地元のDV相談支援センターに助けを求めて、必要な保護を受けてください。これらの法律は、狩猟用のライフルなどの銃には適用されない場合もあります。

もしもパートナーが銃を所持していたら、安全のために次のことを心がけてください。

- 可能ならば、**銃などの武器やナイフを、鍵をかけた場所に保管するようパートナーを説得し**、彼ができるだけ取り出しにくいようにしてください。弾薬も銃とは別の場所に鍵をかけて保管するよう勧めましょう。これによって子どもたちが誤って銃による事故を起こしたり、かっとなって犯罪を犯したりするのを防ぐことができます。武器に鍵をかけることは皆を安全にします。
- 登録の有無に関係なく、**家に保管されている武器のことを知っておいてください**。
- 武器の保管場所や、鍵をかけてある場合は誰が鍵を使えるかについて、**リストを作成**してください。ある時点で警察に知らせる必要が生じた時のために、このリストのコピーを家以外の安全な場所に保管してください。
- 警察に通報する時は、**家に武器があると知らせる**ことで、対応する警察官が、彼らはもとより、あなたとその場にいる人間を守ることができます。
- それが安全策だと思える場合は、**銃と弾薬を隠す**ことも考えてみてください。

●警察が銃を押収した場合、その武器に対する返却要求があった際に、あなたに通知が来るよう依頼してください。
●自分で銃を持とうとしないでください。被害者の多くが自分も銃を持っていれば安全だと考えるのは自然なことです。しかし、残念ながら銃を持つことはあなたを安全にするよりは、むしろ危険に晒します。誤って発砲される場合もあり、また、銃の所有者本人に銃口が向けられる可能性もあるからです。

お金を守る

彼と別れたら経済的安定を失うのではないかと恐れている女性もいます。モラハラ男と別れた被害者の収入は、たいていの場合、時間の経過とともに増えていきますが、別れた直後は収入が大幅に減るのではと不安になる人も多いでしょう。もしもパートナーが経済的にあなたを利用しようとしていると感じる場合は、自分の財産を守ってください。共通の銀行口座を閉じ、自分名義で口座を開いてください。口座のパスワードや暗証番号を変更しましょう。モラハラ男に教えたことがなくても彼は知っているかもしれません。共通のクレジットカードを持っていて、彼があなたの名前でカードを使っていると思ったら、解約しましょう。彼が金銭面であなたを裏切った場合は、銀行や弁護士に助けを求めてください。地元の女性支援センターもおそらく支援者を紹介してくれるはずです。

自分自身で生きていく決心をした女性にとって収入をどうするかは重要な問題です。子どもがいる場合はなおさらでしょう。一旦は公的援助を受けることも考えてください。親戚に頼るか、あるいは新しい仕事を探す必要があるでしょう。しかし、状況は必ず良くなっていきます。

別れる前に経済的な計画を立てておきましょう。そうすれば経済的な理由で彼のもとへ戻らなくてはと感じることは少なくなります。

別れる前に経済的な計画を立てておけば、経済的な理由で彼のもとへ戻らずに済む

マージーは、ベッド用品、タオル、掃除道具、小型の家電など、家を出た時に必要になる家庭用品を買い、友人の家に預かってもらっていました。お気に入りの宝石や重要書類も念のため友人の家に隠しました。この準備のおかげでマージーは、ボーイフレンドのロッドに安心して別れを切り出すことができたのです。ふたりの友人に一緒にいてもらい、彼らの前でロッドに話をしました。ロッドが怒りはじめた時、マージーと友人は、まずは落ち着いて状況を理解してほしいと彼に言いました。その日の午後、彼女の荷物を運ぶトラックを手配しておきました。友人のひとりがロッドに付き添っていたので、彼は取り乱すことはありませんでした。マージーは事前に準備をしておいて本当によかったと思いました。

ふたりの関係が終わったとパートナーに告げること、そして自分の荷物をまとめるか、彼に出て行ってもらうかといった別れの一連のプロセスは、複雑であると同時に危険を伴うものです。ただ「まず、出て行って」、荷物のことは後で心配する方がいいと考える女性もいます。自分の荷物を残して出て行き、あとになって大切なものを持ってこなかったと後悔する人もいます。自分が出て行くのと彼に出て行ってもらうのと、どちらがいいのかを知っているのはあなただけです。DVの支援者はあなたを支えてくれるでしょう。支援者たちはあなたの住む地域の行政手続きや関連する法律に詳しく、必要な場合は警察に保護してもらうのを手伝ってくれます。

子どもたちを守る

モラハラ関係を終わりにしたら、子どもの生活状況が悪くなるのではないかと多くの女性が心配します。実際、短期的にはそういう場合もあります。しかし長期的には、母親が幸せならば子どもは幸せになります。女性は一般に、身の安全を心配しながら生きているよりも、自分のやりたいことを自由に考えられる方が良い母親になるといいます。またカップルの片方がもうひとりを支配している様子を見て育った子どもは、人間同士の関わりはそういうものだと考えるようになり、自分自身の恋愛関係にも同じパターンを持ち込むようになります。パートナーにモラハラ行為をしている男性は、子どもたちのことも同じように支配しています。これらの理由から、そして他の理由もありますが、女性は「子どもたちのために」モラハラ男との関係を続けると決める前に、もう一度よく考えてみる必要があります。

大きな転機を迎える時、子どもたちには助けが必要です。母親が交際相手との関係を解消した時、母親に怒りをぶつける子どももいます。特にモラハラ男が子どもの父親、もしくは父親的存在だった場合はなおさらです。子どもは母親の方が感情をぶつけやすい相手だと感じるため、一方では父親を喜ばせることを続けながら、母親に怒りの感情をぶつけてしまいます。子どもたちの安全を守ろうと一生懸命だった母親がこの状況に動揺するのは自然なことです。

怒り、悲しみ、混乱など、それがどんなものであっても、子どもたちには自分の感情を表現させてあげてください。同時に彼らがあなたを罵ったり、また別の方法で虐待したりしたら、それは許されないことだと伝えるのを躊躇しないでください。**子どもたちにとっては、あなたにとってもですが、あなたを虐待しない方が良いのです。**子どもや別居や離婚に関する知識を持っているセラピストを探しましょう。子どもたちが悲しんでいたら慰めてあげてください。彼らは怒っている時も、おそらく慰めてもらいたいのですが、どう言っていいのかわからないか、素直に受け入れられないのです。優しい言葉を書いたメモを残したり、大好きだと言って愛情を示したり、調子はどうかと声をかけたりしてあげることで怒っている子どもを慰めるのもひとつの方法です。

両親が最近、別居や離婚をした他の子と話をすることも、子どもに良い影響を与える

両親が最近、別居や離婚をした他の子と話をすることも、子どもに良い影響を与えます。そういったサポートグループがある学校やコミュニティセンターもあります。学校のガイダンスカウンセラー（学校心理士）やサイコロジスト（臨床心理士）、ソーシャルワーカー（社会福祉士）などにそういったサポートグループがあるかどうか聞いてみましょう。なければ新しく作ってもらえないか頼んでみましょう。数回のグループセッションを受けるだけでも、子どもたちは驚くほど心が解放されるはずです。多くの女性支援センターもまた、子どもを対象としたディスカッショングループを運営しています。

おそらくあなたもまた、同じような経験をしたさまざまな母親たちと話をすることから良い影響を得られるでしょう。彼女たちからアドバイスを受けた時は、自分の判断を信じてください。何をしたら効果があるかは、人や家庭によってまちまちです。

パートナーや前のパートナーが子どもたちに暴力をふるっている、あるいはあなたが子どもたちの身の安全を心配している場合は、近所や子どもの学校や家族に助けを求めましょう。あなたの心配事を彼らに知らせてください。何か少しでもおかしなことがあれば、警察に連絡を

するよう頼んでください。安全で、それが適切だと思えるなら、パートナーや前のパートナーと話をしてもらうよう彼らに頼んでください。あなたの子どもがパートナーから虐待されていることを誰かに言えば、その人が児童保護サービスに通報する可能性があります。通報は、良い場合もあれば、不利になる場合もあります。

パートナーが子どもを危険に晒していると児童保護サービスに自分で通報する女性もいますが、通報には危険が伴います。自分の子どもを男性の暴力から守れなかったとして女性が非難されてしまうケースも多いのです。概して以前に比べれば、児童保護サービスで働く人々も、暴力や支配を受けている女性のニーズについて詳しくなってきています。

もしもパートナーとの間に小さな子どもがいる場合、モラハラ関係を終わらせる際には親権と面会交流の問題が生じてきます。地域のＤＶ相談支援センターに助けを求めましょう。また、次のような方法もあります。

● あなたが子どもの親権を単独で取得し、裁判所の判事が父親との面会交流を命じた場合、**「特別な条件」**をつけてもらうよう頼んでください。条件とは、面会交流の際に監視官が同行する、子どもと一緒の時、父親は酒を飲んだりドラッグを使ったりしない、子どもが父親の家を訪れている時、危険な人物を同席させないといったものがあげられます。

- 面会には**「当たり障りのない待ち合わせ場所」**を選びましょう。あるいは自分以外の人に子どもの送り迎えを頼んでください。これによってあなたの住んでいる場所を相手に知られずに済みます。
- 保護命令がある場合、あるいは子どもを父親とふたりきりにするのが危険だと思う場合は、**「面会場所を公の場にする」**ことを考えてください。警察署やレストランなどの公共の場所がいいでしょう。
- 危険が大きいと思われる場合は、裁判所に**「面会交流監視官」**を任命してもらってください。彼らは父母が送り迎えの際に顔を合わせないよう時間を調整し、その間、監視官が子どもの世話をしてくれます。DV相談支援センターのなかには、子どもの引き渡し場所として機能し、あるいは面会そのものを監視してくれる面会センターを併設しているところもあります。
- 父親との面会交流に関するあなたや子どもの悩みや危険を最小限にする方法があれば、判事にあなたの計画を提案してください。

ストーカー行為をされたら

妻やガールフレンドがふたりの関係は終わったとはっきりと伝えた後も、モラハラ行為を続ける男性はたくさんいます。もしも一方的に連絡をしてくる場合、それはストーカー行為の一種である「執拗な追跡」と呼ばれるものです。「執拗な追跡」をされると心が動揺し、恐怖を感じます。たいていは時間が経つにつれて頻度は減っていき、概ね二年程度でおさまります。ストーカー行為は犯罪であり、警察がその犯罪を追跡する能力は高くなっています。ストーカーのほとんどは、被害を受けている人間が以前に親密な交際をしていた男性です。そしてストーカー行為の被害者は、ほとんどが女性です。

たいていの場合、ストーカー行為をする男性は、さまざまな方法で彼女を追跡します。前のパートナーをよく知っているため、彼女を傷つける方法をよくわかっています。彼女の家族や子ども、友人、家、職場あるいは法廷まで、あらゆる手段を使って彼女をつけ回します。たとえば、連絡をする、噂を広める、後をつける、わいせつなメッセージや物を送る、家に侵入する、彼女の近所に引っ越してくる、彼女のコンピュータをハッキングする、一日に何度も電話をするといった具合です。これらの行為の多くは「犯罪的な嫌がらせ」、あるいは犯罪です。

彼女の家を出て行った後、ネイトは二年以上もエリザベスにストーカー行為を続けていました。彼女の家に向かう車道に花びらを撒いたり、大量の嫌がらせのEメールを送ったり、後をつけたり、裁判沙汰に巻き込んだり、町に彼女の悪い噂を広めたり、来ないでと言われた家にやってきたりしました。彼女のオフィスに忍び込み、彼女のデスクの上に自分の写真を入れたフォトフレームを立てかけました。彼女の職場で唯一の独身女性とデートをし、すぐに彼女と同棲をはじめ、新しいガールフレンドを通じて彼女にストーカー行為を続けました。

いまから思えばエリザベスは、ネイトともっと早く別れて彼が出て行った日に完全に連絡を断つべきだったと思いました。ふたりが別れた時、エリザベスはまだネイトを愛していたので、彼に「感じよく」しようとしていました。彼女は人には親切にするように育てられており、ネイトを喜ばせることで彼がもっとまともな行動ができるようになればと思っていたのです。また、ネイトの怒りも恐れていました。やがてエリザベスは、ネイトからのすべての連絡を絶つべきだというカウンセラーのアドバイスに従うようになりました。何カ月か経つうちに、彼からの連絡は次第に減っていきました。彼は彼女から離れていきました。

彼が姿を消してから三年が経った時、エリザベスはベッドルームの時計に隠しカメラがあるのを見つけました。それはネイトが何年も前に仕掛けたものでした。警察はもはや録画用のチップは入っていないと結論づけました。ネイトの行動はストーカー行為や犯罪的な嫌がらせに加えて様々な犯罪が含まれるものでした。DV専門の刑事の力を借り、エリザベスは、もしも今後ネイトが彼女に連絡をしてきた時には、彼を告発できるよう準備をしています。

別れた彼女にストーカー行為をする男性は、彼女と一緒にいた時からストーカー行為を始めています。彼女を部屋から部屋へ、そして外までつけていき、彼女のコンピュータをハッキングし、彼女の居場所を知らせるようにさせます。幸運なことに、交際関係に起きるストーカー行為に対する司法制度の理解は深まっています。

自分が拒絶されたと感じたモラハラ男は、前のパートナーの新たな恋愛を妨害しようとします。

ハンクは前妻のシンディがデートサービスに入会したことを知っていました。彼はそのサービスのウェブサイトに彼女が魅力的だと思うような名前や写真や経歴を使って複数のアカウントを作りました。次に彼は、その様々なアカウントを使って他人になりすまし、彼女と連絡を取り合うようになりました。デートの約束をしてわざとすっぽかしたり、卑猥なメッセージを送ったりして、彼女を嫌な気分にさせようとしました。ハンクはシンディのアカウントをハッキングしていて、シンディがサイト上で出会った将来の恋人候補に不快なメッセージを送ることで、彼女にデートサイトをあきらめさせようとしました。結局、彼女はデートサイトをやめてしまいました。数カ月後、ハンクは新しいガールフレンドと暮らし始め、彼女や彼女の家族と親しく付き合うようになりました。彼はシンディにつきまとうのをやめました。やがてシンディは、新しい男性と出会い、時間をかけてその相手を信頼できるようになりました。

ストーカー行為は犯罪です。しかし犯罪として告発するのは難しい作業です。虐待者の多くは、コンピュータにスパイウェアをインストールしたり、隠しカメラを仕掛けたりといった、さまざまな秘密の方法を使っています。その他の方法も他人にはわかりにくいものですが、虐待の被害を受けている人には、それが自分に対するメッセージや脅しであることがわかります。**もしストーカー行為を受けている場合は、すべての出来事について、日付、時間、目撃者がいる可能性、実際に何が起きたかなど、できる限り多くの情報を記録するようにしてください。またあなたがその時どう反応したか、警察への連絡を含めて記録してください。**目撃者がいた場合は、それについて記録するのを忘れないでください。その時点で彼を告発するつもりがなくても、記録を残しておけば、気が変わった時、あるいは状況が悪化した場合など、後々の助けになります。

ストーカー行為を受けると怖くなり、気持ちが混乱します。このため多くの被害者は、彼と友だちになれないものか、あるいは彼を説得できないものかと考えて前のパートナーと会うことを承諾してしまいます。被害者のなかには、ストーカーとセックスをしてしまう人や彼との関係を再開してしまう人もいます。彼をなだめて彼の良い面とうまく付き合っていけば安全かもしれないと考えてしまうのです。残念ながらストーカーと直接関わることは、後に警察の保護を受けようとする際に不利になります。これも彼らの策略の一部なのです。

関係を終わらせた時の人々の反応

モラハラ男と別れた時、友人や家族、同僚や近所の人々は、何が起きたのか理解できないかもしれません。何年もの間、あなたはうわべを取り繕い、すべてがうまくいっていて、その相手といて幸せなように見せてきました。モラハラ男は自分の支配的な部分を他人には見せません。突然、あなたは自分のパートナーが怖い、彼に支配されていると言い出し、周囲の人には一晩のうちに物事が一変したように見えます。あなたたちの関係にモラルハラスメントがあるという現実を受け入れるのを躊躇する人もいるでしょうし、モラハラ男と友人関係を続ける人もいるでしょう。あなたではなくモラハラ男の側につく人もいるはずです。彼と別れれば、少なくとも一時的には友人を失うこともあるでしょう。彼の親戚（そしてたぶんあなたの親戚の何人か）は、おそらくあなたと話をしなくなります。とても辛いことです。しかし時間が経てば辛かった気持ちも和らぎ、去っていった人のなかにはあなたの元に戻ってくる人もいるはずです。

アイダの母親は、アイダの二番目の夫のダミエンが大好きだったので、アイダからふたりが離婚すると聞いた時、がっかりしました。ダミエンはアイダよりも一五歳年上で、人前では魅力的にふるまっていました。母親は、ダミエンがアイダと彼女の最初の結婚からの子どもの面倒をみてくれると思っていました。母親は、モラハラ行為を受けているというアイダの話を聞き、理解をし、心配しているようでした。しかしどれだけひどい状態だったのかを受け入れているようには見えませんでした。アイダが自分のコンピュータにスパイウェアが仕掛けられていたと話した時、彼女は「あなたが若くて可愛いから、彼はただ嫉妬しているだけじゃないかしら」と言いました。彼が送ってきた奇妙なEメールのことを話すと、「ただ怖かったって、彼に言ってみたらどうかしら」と娘にアドバイスしました。「ママ、彼は私を怖がらせようとしているのよ」とアイダが言ったにもかかわらずです。彼女の友だちのほとんどは、すぐに何が起きたのかを把握して、アイダの味方になってくれましたが、母親がわかってくれないことをアイダは悲しく思いました。母親はただの誤解だと言い張り、彼がストーカー行為や脅しをするのは、単純に彼が彼女を愛しているからだと主張していました。

人によってはその人自身の理由で、あなたの経験が現実であることを理解できない、あるいは受け入れられない人もいます。自分のことをわかってくれない人から見捨てられたり、不当な扱いを受けたりするのは辛いことですが、人がどう思うかを恐れるあまりに自分の本当の人生を生きることを諦めないでください。一方で、あなたを理解してくれる人からの支援には驚かされるでしょう。

アイダがダミエンと付き合い始めた時、アイダにはジルとエドワルドという長年の友人カップルがいました。時間が経つにつれ、アイダに対するダミエンの態度は支配的になっていきました。カップル同士は、時々四人で夕食を共にし、カードゲームをして遊びました。アイダとダミエンが別れた時、ダミエンはジルに電話をし、アイダがどんなにひどい人間か、どれだけ自分の行動が正しかったかと話しはじめました。ジルはすぐにダミエンの言葉を遮り、「私たちはアイダと長年の友人で、あなたからアイダの悪口は聞きたくないわ。二度と電話して来ないで」と言いました。ジルとエドワルドはアイダの力になり、特にダミエンがストーカー行為を続けた二年の間、彼女を支え続けました。

モラハラ関係を終えることについて最後に伝えたいこと

モラハラ関係を断ち切るプロセスのどの段階にいる場合でも、激しい感情は、やがては消え去っていくものであることを忘れないでください。人の支援を受けましょう。希望を持つのです。あなたは自由になれます。そして幸せになります。ただ、時間はかかります。辛抱強くなってください。自分に優しくしましょう。自分に自信をもたせてくれる人とだけ時間を過ごしましょう。あなたはいろいろなことを乗り越えてきたのです。

モラルハラスメントを受けてきて、その関係を終わらせたいと思っている時

1. モラルハラスメントについての新しい理解を踏まえて、彼との関係をよく見直すこと。
2. 支援を受けること。
3. セーフティプランを立てること。
4. プランを実行すること。
5. 彼との接触は最低限にすること。
6. 別れた後も長期間、支援を受け続けること。
7. 完全に立ち直るまでには長い時間がかかると覚悟すること。
8. 自分が立ち直れることを知っておくこと。

モラハラ男が関係を終わらせたら

モラハラ男は、関係を終わらせる時も自分が主導権を握ろうとします。突然、思いがけない時に彼から別れを切り出される人もいます。それまでの間になんらかの兆候を匂わせていた可能性もあります。モラハラ男はしばらくの間、あなたを自分のものにし、決して手放そうとしませんでした。しかしいまやそれと同じだけの強い意志であなたを突き放そうとしている、あるいはあなたと完全に縁を切ろうとしています。捨てられるのは辛いことです。

モラハラ男はふたりの関係を身勝手に、そして残酷に終わりにさせます。あなたよりも若くてお金持ちの、もっと従順な女性を見つけたから、もしくは何らかの点でもっと望ましい相手ができたから、あるいは、あなたに飽きたから別れるのかもしれません。大切なのは、これらの決定がモラハラ男のエゴとわがままを反映したものだとあなたが理解することです。彼があなたの資質を非難するような発言をしても、それは真実ではありません。

モラハラ男の多くは、可能な限りすべての方法でパートナーを傷つけてから出て行きます。たとえば、彼女を非難し、侮辱し、彼女のお金や物を盗み、彼女をレイプし、彼女の意思に反して彼女を妊娠させたりします。彼との関係が問題だらけだったことはわかっていても、捨てられることによって女性の自尊心は深く傷つけられます。拒絶された女性は、自分に価値がないように感じ、自殺まで考える人もいます。一年か二年もすれば状況は変わります。しかし、状況の変化に慣れるまでには時間が必要です。

ミリアムの夫のディックは外科医でした。彼らの家には農場があり、雌鶏や数頭の馬、二頭の牛を飼育していました。ミリアムは家で六歳に満たない四人の子どもの子育てをしていました。一番下の子はまだ生後二カ月でした。ある朝、ミリアムが目覚めるとディックの姿はありませんでした。ただ「さよなら」と書かれたメモが残されていました。ミリアムはパニックに襲われました。彼は銀行の預金をすべて引き出し、夫婦共通のクレジットカードも解約していました。彼女はひとりで四人の子どもと動物たちの世話をしなくてはなりませんでした。ミリアムはディックが病院の若い医学実習生と駆け落ちしたことを突き止めました。それだけでも辛いことなのに、ミリアムはディックがどうして彼女を一文無しにし、子どもたちにも辛い思いをさせたのか、わかりませんでした。ディックは子どもたちの生活にほとんど関わっていませんでしたが、ミリアムと四人の子ども全員の親権を争いました。ミリアムが親権を与えられ、ディックに養育費の支払いが命じられると、彼はカナダに逃げました。ミリアムは子どもたちをひとりで育てました。家で家庭託児所を始めたのです。別れた直後の何年間かは本当に大変でしたが、ミリアムは自分自身と子どもたちのために幸せで安定した家庭を作り上げました。

モラハラ男が去っていったあとの何時間、何日あるいは何カ月かの間、女性は自分ひとりでは生きていかれないと思いがちです。この時期は誰かに助けを求めることが特に重要です。あなたに自由を求める強さがありますように。あなたが安全でありますように。そしてあなたの旅にたくさんの支えがありますように。

10 自分らしさを取り戻す——モラルハラスメントから立ち直る

ふたりの人間が大切な時間を分かち合い、少しずつ親しくなっていくのと同じように、別れもまた段階を踏んで訪れます。人によっては突然、関係を終わらせる人もいます。それは相手に背を向け、二度と振り返らないといったイメージです。しかし現実にふたりの関係を解消するということは、本当に「終わる」までの間、二歩進んだら一歩下がるというように感じる場合の方がずっと多いでしょう。

モラハラ男の被害を受けてきた人間は、立ち直るまでの間にさまざまな局面を通過していきます。最初は絶望的な気持ちになっているでしょう。しかし時間が経つにつれ、少しずつそんな気持ちを忘れるようなり、ふと気づくと、人生を取り戻し、再び自分が自分らしく感じられるようになっていきます。人生を取り戻した自分を想像してみてください。できればそれがどんな感じか味わってみてください。それがあなたのものなのだと自覚してください。それでも、最初は辛い道を通り抜けなければなりません。

モラハラ関係を終わりにした時に感じること

モラルハラスメントの関係を終える時、あなたにはさまざまな感情が混在しているでしょう。きっとあなたは解放感を味わい、より自由に生きている自分を思い浮かべるでしょう。自分自身で物事を決め、好きな人と話をし、自分の時間も自由に決められる。そんな自由を想像してみることで、あなたは幸せを感じるでしょう。

しかし一方で、別れには悲しさや喪失感が伴います。あなたの人生はめちゃめちゃになってしまったように見えます。収入や子どもの面会などの問題を解決するまでには時間がかかります。どんなに良い別れであっても、何カ月もの間、絶望的な気分を味わいます。痛みは和らいでいきますが、完全に消え去るまでには何年もかかります。

パートナーとの別れが子どもに与える影響を心配する人もいるでしょう（282頁「子どもたちを守る」を見てください）。多くの人が前のパートナーと過ごした時間を思い出すと悲しくなり、すべてが無駄だったのではないかと感じたと言います。幸せだった頃のことを思い出すと、この思い出をどうすればいいのかわからなくなります。携帯電話やコンピュータからデジタル写真を消去するように全てを消してしまうべきなのでしょうか。しかし思い出は、良いものも悪いものも足跡を残します。

　自分の過去の行動や、前のパートナーの影響で我慢してきたことを思い出して恥ずかしくてたまらなくなることもあるでしょう。恥の意識はモラハラ男の操りから生まれたもので、あなたが成長することによって捨て去ることができます。どうしてもっと早く別れなかったのだろうと思う人もいます。前のパートナーがあなたや子どもたちや、他のあなたの愛する人たちを追いかけてくるのではないかと恐れている人もいるでしょう。さらに悪いことに、前のパートナーは電話をかけてきたり、メッセージを送ってきたり、家や仕事場に現れたり、手紙やEメールを送ってきたりして、あなたにストーカー行為をするかもしれません。

　彼を目の届く範囲に留めておいた方が安全かもしれないと考え、彼と完全に連絡を絶つのが怖いと思う時もあるでしょう。多くの女性と同じように、あなたは自分を支配していた親密なパートナーと「友だち」になる道はないかと考えます。彼の気持ちをどうにかすることに、いまだに責任を感じています。彼と友情関係を続ければ、彼が怒って危険な行動に出るのを防げると考えてしまいます。多くの女性が後になって気づくことですが、モラハラ男に親しく接することは、危険への扉を開けたままにしておくようなもので、攻撃されやすい状態にいるということです。連絡を最小限にすることが最善の作戦です。ふたりの間に子どもがいないなら、すべての連絡を断ち切れないか考えてみてください。そうすることによって、あなたと彼のふたりともが次に進むことができるのです。

関係が終わったら、連絡は最小限にする

関係を終わりにしたらすぐに、彼との関係で悪かったことに考えを集中してください。これによって前のパートナーに再び支配されるのを防ぐことができます。いまは幸せだった時のことを思い出したり、愛に溢れていた、楽しかった頃の写真を眺めたりする時ではありません。パートナーから要求されないと自分が何をしたらいいのかわからない人もいるでしょう。

彼と別れた後、アリシアは自分の人生の方向性を失ってしまったように感じました。ジョージと暮らしていた頃、彼女の人生の目標は彼を幸せにすることでした。不満を感じながらも、少なくとも自分の人生には目的があると感じていました。彼の支配に耐えかねて遂に彼と別れた後は、毎日が「漂うように」過ぎていると感じました。

アリシアのようにあなたも自分の生きがいや目的を失ったような気持ちでいることでしょう。前のパートナーと描いた将来の計画はなくなってしまいました。自分の人生に大きなクエスチョンマークがついてしまったような気持ちでしょう。あなたはやがて新しい計画を立てますが、自分の行く道を見つけるまでには少し時間がかかります。悪夢や不安症に苦しんだり、

過食になったり拒食になったりする可能性もあります。この最も難しい時期、カウンセラーやセラピストの助けを求めることをためらわないでください。

モラハラ男との関係を終わりにする決断は、何も悪いことではないと心に留めてください。これはあなたの権利です。前のパートナーを不幸にし、子どもたちを不安定にさせているとしても、あなたには自分の人生をどのように生きたいかを決める権利があります。自分を見つめ、どうしたら自分が癒されるか考えましょう。

モラルハラスメントの関係から解放されても、多くの女性が、そのモラハラ男を思い出すイベントや人々や場所に遭遇すると心が大きく揺さぶられます。ある女性は新しいボーイフレンドから何気なく、午後はどこで過ごしたのかと聞かれて、過剰反応を示してしまったと言います。仕事場で同僚が大声を上げると、突然、泣き出してしまう女性もいます。

スージーは仕事で帰宅が遅くなると、前の夫のジェレミーはもう家におらず、怒鳴られることはないとわかっていても不安になります。またスージーは、「彼の」側の洗面台を使わないようにすることや、寝る前に丁寧に服をたたむことなど、ジェレミーから植え付けられた几帳面な習慣をいまも守ってしまいます。そして家が完全に片付いていないと過剰に心配します。こういった行動は「自分の」ものではなく、ジェレミーに押しつけられたことだとわかっています。ジェレミーの厳しい基準に従わない時に感じる恐怖感や不快感にスージーが耐えられるようになるまでには、数年がかかりました。時が経ち、彼女はジェレミーの影響ではなく、自分の気分で家を自由に片付けられる（あるいは片付けない）ようになりました。

モラハラ関係から普通の生活へ移行するには、時間のかかる、浮き沈みの激しいプロセスが必要です。女性のなかには歌を聞いたり、映画を観たり、友人と話したりしている時に感情的になる人もいます。辛抱強くいてください。そして自分の気持ちはやがてもっと安定すると信じていてください。

彼を許す？

友人や家族や宗教指導者が、あなたを支配し傷つけた人間を許してあげなさいと言ってくることもあるでしょう。彼らはそれを倫理的な義務だと言います。彼らの立ち位置は、あなたにまた自分は支配されていると感じさせるかもしれません！　彼らはあなたがどのように考え、感じるべきかを押しつけています。あなたはもう十分同じ目に遭ってきました。あなたが自分自身のペースで物事を感じなくてはいけないことを彼らにそっと知らせましょう。思ったよりも長い時間がかかったとしても、その時が訪れないとしても、許しの感情は急かされたり強要されたりするものではありません。絶対に許せないこともあるでしょう。あなたがモラハラ男を生涯許さなくても虐待から完全に立ち直ることはできます。仮に相手を許せると思えるようになるとしても、通常、二、三年はかかります。

モラハラ男が心から自分の過ちを認め、謙虚に許しを請うようなことはめったにありません。むしろ彼らの方が許しを「要求」してくることの方が多いといえます。あるいは「すまなかった」の一言で、もはや相手を傷つけたことに何の責任もないかのようにふるまいます。あなたには自分が通り抜けてきたすべてのことに対する怒りの感情を持ち続ける権利があります。

時には、あなたを虐待してきたモラハラ男が病気になったり、自殺願望をもったり、あるいは彼の死が近づいている場合もあります。彼が幸せになるためには、あなたの許しが必要不可欠だと、あなたを説得しようとする人もいるでしょう。彼らはすべてを「元の普通の状態」にしたがっています。どうか、モラハラ男はあなたの許しがなくとも自分自身で回復のプロセスを辿るべきであることを知っておいてください。以前と同じやり方で再び彼の世話をすることが自分の義務だと感じないでください。ここで次の質問に答えてみてください。

- モラハラ男を許してあなたは何を得るでしょうか？　許す準備は整っていますか？　彼を許すことにどんなリスクがあるでしょうか？
- 彼は本当に申し訳ないと思っているでしょうか？　それはなぜわかりますか？　謝罪の気持ちを伝えるために彼はどのような努力をしましたか？　以前に許しを請お

うとした時と違いはありますか？　同じことをしようとしているだけではありませんか？

- 彼の謝罪の気持ちは続くものなのでしょうか？　怒りや権利意識が戻ってきてしまわないでしょうか？
- あなたを（おそらく他の人も）どのように傷つけたのか、彼は理解していますか？　彼は単純にあなたを失ったから謝っているのではありませんか？　言い換えれば、彼は自分が間違ったことをしたと後悔しているのでしょうか？　それともあなたとの関係や自分が楽しんでいたライフスタイルを失ったからでしょうか？
- 彼はあなたに（そしておそらく子どもたちに）したすべての過ちを改めようと努力したでしょうか？　もちろん失われた時間や何年もの苦しみを「償う」方法はありません。しかし、心から申し訳ないと思っているかつてのモラハラ男が、過去のひどい行いの罪滅ぼしとして、自分を実際に犠牲にして子どもたちや前のパートナーを学校に通わせたり、セラピーを受けさせたり、あるいは単純に彼らがもっと快適に暮らせるように努力する場合もあります。これが償いをするということです。かつての支配的な行動への償いの気持ちから、女性に対する暴力と戦う活動を始めた男性もいます。

前のパートナーが心から償いをしたいと思っているように見えても、彼を許すことを含めてあなたが何か行動をしなくてはならないわけではありません。彼が申し訳ない気持ちになり、人間が変わったように見えたとしても、あなたが彼に対して何かをしなければならない義務はありません。

自分を支配してきた人間を許すと決断したとしても、彼とまた関係をやりなおしたいと思う必要はありません。相手を許すよりは自分が後悔している方が自分のためになると考える女性もいます。彼女は、彼との関係がうまくいかなかったこと、思い描いたふたりの人生を生きられなかったこと、彼の失礼で思いやりのない扱いによって自分の夢を奪われたことを後悔しています。別れた後にモラハラ男の生活が荒れていることで心を痛めている人もいるかもしれませんが、そのことに罪の意識を感じてはいけません。「彼の」行動が原因で別れたことを覚えておいてください。

数年後、被害者の女性がモラハラ男を許す決断をする場合もあります。その方が感情の面でも生活の面でも自分が立ち直りやすいと判断したからです。この許しの感情を自分の心の中にしまっている人もいれば、カウンセラーや親しい友人だけに話す人もいます。モラハラ男にあなたが彼を許していることを知られるのは危険なことです。彼があなたの人生に戻るための足

がかりにされてしまうかもしれないからです。彼を許すにしても許さないにしても、決断はあなたのためにするべきであって、モラハラ男のためではありません。

モラハラ関係から立ち直るための秘訣

被害者たちは回復に向かってそれぞれの道を見つけていきます。ある人にとって助けになることが、別の人にはあてはまらない場合もあります。このリストはいくつかの可能性について提案するつもりで作りました。ぜひあなた自身の道を見つけてください！

● モラハラ男が許してくれなかった活動をもう一度始めてみましょう。たとえば、リサのパートナーは彼女が自転車に乗ることを許していませんでした。彼女は中古の自転車を買い、乗るたびに自由な気持ちを感じることができました。シンシアの夫は彼女がメイクをするのを嫌っていました。彼女は友人に口紅とアイライナーを選ぶのを手伝ってもらい、少しずつまたメイクをするようになりました。

● モラハラ男のせいで疎遠になってしまった家族や友人との関係を取り戻しましょう。連絡を途絶えさせてしまった人々のリストを作り、絆が取り戻せるかどうか考えてみましょう。

しかし、以前の恋人への連絡は早すぎないように注意しましょう。

●あなたを支えてくれる人たちに周囲にいてもらいましょう。自分に自信を持たせてくれて、気分を明るくしてくれる人々と時間を過ごしましょう。嫌な気分にさせられる人は避けてください。

●持ち物を見直しましょう。モラハラ関係にあった頃の洋服や本、家具やその他のものを誰かにあげてしまいましょう。すべてを一度にできない場合も多いですが、ひとつ取り替えるごとに自分が自由になっていきます。

●カウンセリングやサイコセラピーを受けると、終わらせた関係を理解し、未来のチャレンジに向き合う助けになります。優秀なサイコセラピストは、あなたの孤独を和らげ、あなたの人間関係を向上させる手助けをしてくれます。

●あなたにとって重要な社会問題の活動家になることを考えてみましょう。被害者になった経験のある人は、自分の意見を世の中に発信することで自分の力を感じることができます。たとえば、女性を暴力から守るための運動「テイク・バック・ザ・ナイト」行進は、毎年多くの都市や町で開催されています。このイベントでは、女性だけでなく男性も、女性が暴力を受けずに生きる権利を宣言しながら行進します。抗議活動や、抗議や要請のための手紙を書くキャンペーン活動や、その他の活動や地域の教育プログラムに参加するうちに、かつては被害者だった人々が表に出て、自分の権利を主張できるようになっています。

●自分をクリエイティブに表現しましょう。ダンスが好きですか？　文章を書くことは？　絵を描くこと、歌うこと、料理は？　自分自身を表現する方法を探しましょう。モラルハラスメントを受けている間、被害者の多くは創造的な活動を禁じられてきました。彼女たちはパートナーに作品をけなされ、あるいは彼が怖くて自分を表現できずにいました。単純にパートナーの要求に応えるのに忙しく、時間がなかった人もいます。モラハラ関係から逃れたいま、あなたの芸術的な側面を自由にしてあげましょう。自分を表現する手段がないか探してみましょう。

●身体を活発に動かして自分の身体を取り戻しましょう。以前に楽しんでいたことを再開したり、新しいことに挑戦したりしてみましょう。ウォーキング、ヨガ、ダンス、ウエイトリフティング、料理をしながらラジオの曲に合わせて踊るなど、身体を動かすことによって再び元気な自分を感じることができます。

●医師の検診を受けることを考えましょう。彼との関係の間、健康管理を怠っていませんでしたか？　放ったままにしておいた治療はありませんか？　性病やケガの診療を受けましたか？　不健康な習慣をやめたいと思いませんか？　診断を受けて医者から大丈夫だと言われること、あるいは体調をとり戻すために治療の手助けをしてもらうことは、回復への道への第一歩です。

●自分が経験したモラハラ行為や習慣のリストを作りましょう。おそらく一度にすべてを思い出すことはできないでしょう。時間をかけて、思い出したことをリストに加えていってください。記憶や出来事の解釈に疑問を感じた時は、リストを見直してください。このリストは自分が通り抜けてきた苦難の日々を、そして自分がどれだけ強くなったかを正しく理解する手助けになります。

●自分が回復することを信じて、楽観的でいましょう。それが自分の思うように早いペースでなくてもかまいません。

●関連資料などを読みましょう。

●自分に優しくしてください。関係を解消した後も、しばらくの間はモラハラ男の声があなたの頭の中に鳴り響いているでしょう。君は何もきちんとできない、君はバカだ、ブスだなど、彼のさまざまな声がいまも聞こえてきます。あなたはその声を優しい言葉に置き換える必要があります。何か自分が良いことをしたら、それがどれだけ小さなことでも、自分自身に「がんばったね！」と声をかけてください。もしも思い通りにいかないことがあっても、「なるほど勉強になったわ。完璧な人間などいないのだから」と自分に言ってあげてください。

●我慢強くいてください。回復には時間がかかります。

●もっと自分のことを考えてください。「私はいま何を感じている？　いま何をしたい？」とできるだけたくさん自分自身に問いかけてください。もちろん自分のやりたいことが常にできるわけではありません。しかし、長い間、別の人間の要求だけを考えてきたあなたにとって、自分がいま何をしたい気分なのかをはっきりさせるのは大切なことです。自分が楽しくなること、自分に良いことをしてください。

●できるだけ過去ではなく未来を見つめてください。自分が示した勇気にプライドを持ち、これから先の自由と、友人や家族との有意義な人生を楽しみにしましょう。

●モラハラ男や彼と交流のあるすべての人との関係を完全に断ち切りましょう。できる限り努力してください。そうすれば彼は、誰かを通じてあなたを支配したり監視したりできなくなります。

●あなたが大丈夫と思えるタイミングと方法で、あなたの体験を人と分かち合ってください。自分の経験について話すことは、その時自分がどう感じていたのかを見つめる手助けになると同時に、具体的に良い影響をもたらします。たとえばあなたの上司が状況を理解してくれたら、前のパートナーがあなたの仕事場で大きな問題を起こせなくなります。友だちに話せば、あなたのことをもっとよく理解し、あなたを支えてくれるでしょう。話をする際には安全と居心地の良さについてよく考える必要があります。あなたを助けてくれそうな人にだけ話をするようにしてください。

新しい関係を始める

モラハラ被害者が他人を完全に信用できるようになるまでには長い時間がかかる

モラハラ被害者が他人を完全に信用できるようになるまでには長い時間がかかります。それにもかかわらず、モラハラ男との関係が終わったすぐ後に、大急ぎでまた新しい恋愛関係を始めようとする女性もいます。なぜなら彼女たちは、それがモラハラ関係がもたらしたものだったとしても、一緒にいてくれる人がいるという安心感を懐かしく思っているからです。準備が整わないうちに新しい恋愛関係を始めてしまった場合、その関係は失敗に終わる可能性が高いと言えます。多くの女性がそれを知りながら、愛情と誰かに守られたいという気持ちに流されて新しい恋愛関係を始めてしまいます。

モラハラ関係にいた女性が新しいパートナーと出会う際に大切なのは、その相手もまた、実はモラハラの兆候を示していないかどうか、自分自身に問いかけてみることです。次のリストで彼の行動について考えてみましょう。

●自分が望むよりも多くの時間を彼と過ごさなくてはいけないという義務を感じます

か？

- あなたがまだ準備ができていないのに、他の人とはデートをしない、一緒に住む、結婚する、子どもをもつといったことを約束させようとしますか？
- 子育て、家、お金など、あなたの人生に関わる物事について彼が支配しようとしていませんか？
- あなたを自分より劣った相手として扱っていませんか？
- あなたの子どもや両親や友人に、必死に取り入ろうとしていませんか？
- 身体的に傷つけられたことがありますか？
- セックスの最中にわざとあなたを傷つけたことがありますか？
- 彼は所有欲や嫉妬心からの行動をしていませんか？
- あなたが何かに対して「ノー」と言った時、それを強要しようとしますか？
- 脅されたことはありますか？
- アルコールやドラッグを乱用していませんか？
- 他人に対する共感に欠けているところはありませんか？
- 他人の意見を尊重しない傾向はありませんか？
- 自分のふるまいがあなたや他人に与える影響を無視していませんか？
- 自分の取った行動なのに、他人に非難を向けていませんか？

●前のパートナーについて無礼な発言をしていませんか?
●日頃から他人に対する態度が悪くありませんか?
●あなたの要求、スケジュール、意見、人生を無視していませんか?
●あなたは罠にはまっているような気がしますか? 侵害されていると感じますか?
●あなたが自分を恥ずかしいと思うような気持ちにさせていませんか?

これらの質問にどれかひとつでも「イエス」と答えたとしたら、あなたの新しい関係には、いずれ問題が生じてくるでしょう。それはおそらく、あなたの新しいパートナーにモラルハラスメントの兆候があるからです。あるいはモラハラ男と一緒にいたため自分のしたいことを無視するのに慣れてしまい、あなた自身が自分の欲しいものをはっきりと言えていない可能性もあります。新しいパートナーに自分の欲しいものが何なのか話してください。彼がどういう返事をするかによって、その人があなたにふさわしい人間であるかどうかがわかるでしょう。

新しいパートナーは、モラハラ経験のあるあなたが他の女性よりも、もっとひとりの時間や空間を必要としていることを尊重するべきです。新しい関係がうまくいくためには、彼はあなたの許容範囲を尊重することを学ばなくてはなりません。

新しいパートナーは、あなたに悪いことをした人間を攻撃する誘惑にかられるかもしれません。彼の感情は自然なことですが、言葉や身体で実際に衝突することは、長期的にはあなたのためにならず、むしろあなたをさらなる危険に晒す可能性があります。あなたを苦しめた人間を傷つけることよりも、あなたを助けることの方に力を注いでもらうようにしてください。

11

あなたの大切な人がモラルハラスメントの被害に遭っていたら

自分の友人や家族が、また、専門家の場合はカウンセリングや診療を受けにきている人々が、モラハラ行為をするパートナーや前のパートナーによって苦しめられているのを見るのは辛いことです。あなたは被害者を助けてあげたい気持ちになるでしょう。モラハラ男を殺してしまいたいと思う人もいるでしょう。不愉快になって関わりたくないと思ったり、怒りと悲しみで涙が出てきたりすることもあるでしょう。長期にわたっておこなわれる虐待や支配から被害者が抜け出すためには、長期にわたる支援が必要とされます。

モラハラ関係には浮き沈みがあります。被害者は、緊張が高まっていると感じた時や、特に嫌な出来事があった直後などは、何かを変えようと思い、問題について率直に語りたがります。一方でモラハラ男が謝罪の態度を見せて妻やガールフレンドに愛情や関心を一生懸命示している時は、彼との問題や別れることについて堂々と語りません。

被害者の自尊心が虐待と孤立によって傷ついていることを忘れないでください。彼女はあなたが思うよりも大きな身の危険に晒されていると思ってください。彼女の会話や行動、電子コミュニケーションは監視されている可能性があります。彼女自身の準備が整うまで、あなたは彼女を自由に「してあげる」ことはできません。無理をすると彼女を（そしておそらくあなたを）危険に晒す恐れがあります。しかし、次のような方法は役に立つかもしれません。

●あなたが心配していることを、あなたの断定的な判断を含めずに彼女に伝えてください。時間が経ち、その女性と十分に親しくなり、会話が監視されていないという確信が持てたら、あなたが心配している理由を彼女に話してください。

●何かできることはないかと彼女に聞いてください。しかし、彼女がするべきことを代わりにやってはいけません。彼女の人生が少しでも楽になり、元気になってもらうためにできることはないかと聞いてみてください。自分が実際にできる以上のことを約束してはいけません。

●彼女にこうするべきだと言わないでください。彼女の状況を一番理解しているのは彼女自身であることを忘れないでください。安全かどうかを見極めるのは、誰よりも彼女自身が適任者なのです。

●彼女が話したいことに耳を傾け、質問攻めにするのを我慢してください。彼女が通り抜けてきた経験のなかには、彼女が恥ずかしいと思うような内容もあります。彼との関係で最も辛い部分を人に話せるようになるまでには何年もかかる場合もあります。

●彼女が安全な場所に隠しておける場合は、この本を彼女にあげてください。もしも安心して話せる状況だったら、この本の内容で彼女の人生に当てはまるところがあるかどうか聞いてみてください。

●彼女が示すさまざまな感情を批判をせずに受けとめてあげてください。いまもパートナーや前のパートナーを愛していて、彼に愛されていると信じている女性もいます。彼に会いたくて寂しい思いをしている人。彼に頼って生きてきたので彼なしにどうやって生きていったらいいかわからない人。彼が元気かどうか心配している人もいます。こういったすべての感情は自然なものです。時間が経てば心の整理がつくと言って、彼女を安心させてあげてください。その男性がひどい男で、ひとつも良いところがないと思っても、彼のことを厳しく批判してはいけません。彼女は恥ずかしくなり、自分がいまもどんな風に彼のことが好きなのか、あなたに話せなくなってしまいます。自分がいまも愛している人間を非難するあなたを嫌いになるかもしれません。彼女が彼のもとに戻るかもしれないことを忘れないでください。もしそうなった場合でも、彼女があなたに安心して連絡が取れるようにしてあげてください。

もしも彼女が完全にパートナーに支配されているようなら、その時点では彼女と連絡を取り続け、モラハラ男の言動に一貫性がないことを優しく彼女に諭してあげる以外は、あなたにできることはほとんどありません。彼女はあなたに話している以上のことを通り抜けてきている可能性が高いと言えます。

家族と友人に伝えたいこと

大切な人がモラハラ関係に陥っている時、彼女の友人と家族は非常に大きな役割を担っています。あなたは被害者と連絡を取り続けるのに最適な立ち位置にいて、彼女が自分に自信をもつ手助けをすることができます。ただ彼女と一緒にいてあげて、彼との関係以外の場で彼女がどういう人間なのかを思い出させてあげてください。彼女が自分自身の意見や視点を持つことを、あるいは思い出すことを助けてあげてください。あなたとの繋がりは、彼女に自分の価値を感じさせ、彼女の孤独を和らげてくれます。敬意をもって接することは、彼女が自分らしさを取り戻す助けになります。自分に価値があり、能力があると感じられるようになる手助けをすることで、彼女がモラハラ男から受けている影響を多少でも軽減することができます。

あなたの友情は大切ですが、過剰なアドバイスをしないように気をつけてください。モラハラ関係にある人々を日頃から助けている支援者は、セーフティプランの作成に最適なアドバイスをしてくれるでしょう。たとえば多くの人が被害者に「保護命令を取得してはどうか」と勧めます。しかし被害者の置かれている状況によっては、その行為は非常に危険な場合もあります。たとえば保護命令が出たことを知った彼の行動がエスカレートするなど、暴力が悪化する結果にもなりかねません。

あなたの大切な人には、女性支援センターやＤＶ相談支援センターからの専門的な支援を求めるように勧めてください。彼女が望んだ場合は、最初の面談に付き添ってあげましょう。しかし面談の際には、彼女が支援者と一対一で話せるようにしてあげてください。彼女が不安や落ち込みを感じている場合、モラハラ関係に理解のあるカウンセラーやセラピストの助けが役に立ちます。彼女が恐れを感じている場合は、警察に連絡をする必要があるでしょう。しかし、これらの選択肢から選択をするのは彼女自身であるべきです。

彼女に子どもがいる場合は、彼との関係が終わったら、どうやって彼らを育てていけばいいのかと彼女は心配しているでしょう。もしもあなたが住む家や子どもたちの世話や金銭的援助といった具体的な支援をしてあげられる場合は、彼女にそれを伝えてください。子どもたちがしばらくの間あなたと一緒に暮らせるならば、それを彼女に言ってください。繰り返しになりますが、自分が実際にできる以上のことを申し出てはいけません。

専門家の方々へ

専門家はおそらくさまざまな不満をもつ人々と向き合っていると思いますが、それらの不満を「モラルハラスメント」の視点に照らし合わせて見ていない場合もあります。法の執行、社会福祉、精神の健康、医療など、どの分野で働く人にとっても、次の質問はモラハラが存在するかどうかを見極める手助けになります。もちろんこれらの質問は、被害者である可能性のある人に個人的に聞かなくてはなりません。

- 誰かがあなたを支配していますか？
- 誰かがあなたを傷つけていますか？
- 脅されていると感じていますか？
- はっきりと自分の意見を言うのが怖いですか？
- 私に何かできることはありますか？

● 何が必要ですか？

精神科や社会福祉、医療の分野で働く人は、次のような質問をするのも良いでしょう。

● 自分がひとりぼっちで孤独だと思いますか？
● あなたがどこへ行くか、何をしているか、誰かに監視されていますか？
● 自分が自由な人間だと感じますか？　もしもそうでない場合、それはなぜですか？
● 誰かに操られていませんか？
● 誰かに自分がダメな人間だと思わされていませんか？
● あなたの健康や幸せに害を与えるような交際をしていませんか？

専門家であっても、モラハラ男が被害者に及ぼす精神的な支配について理解するのが難しい場合もあります。ＤＶの通報を受けた際、窓口となる警察や最初に応対する人々が、電話の内容にいらいらさせられることも多いと言います。モラハラ男は実際に脅しをしていますが、彼には何も恐れるものがないので、人目には被害者よりも穏やかな人間に見えます。

彼女の論理は他人には理解できないかもしれませんが、虐待を受けている女性は自分自身と子どもたちが晒されているリスクの大きさを量り、最小限にする方法を誰よりもよくわかっています。モラハラ男の感情をなだめ、彼の脅しを軽減するために、彼女は彼との連絡を続けたり、再開したりするかもしれません。

トーヴァはトニーからストーカー行為を受けていました。一緒にいた何年もの間、トニーは彼女を厳しく支配し、暴力を振るうこともありました。トーヴァは彼からの電話、手紙、Eメールやメッセージを無視していました。ある日、トーヴァの両親から電話があり、トニーが両親の家に現れ、お前たちが彼女を説得して彼女が「家に戻らなければ」、「ここを爆破してやる」と脅されたと聞かされました。トーヴァはすぐにトニーに電話をし、両親を巻き込まないように言いました。彼女の両親を脅せばトーヴァから返事をもらえるとわかったトニーは、彼女に対する嫌がらせに他人を巻き込むようになりました。

モラハラ男に支配されると同時に脅されている被害者は、捜査や告訴に協力しにくい状況にあります。自分と子どもの安全のためには最善の方法と考え、モラハラ男と一緒に住み続ける選択をする女性もいます。彼が「愛」という名のもとにおこなう行為の多くを許してしまっている人もいます。

私たちは被害者を非難しないように気をつけなくてはなりません。時には専門家でさえも、目の前に起きている状況を間違って解釈してしまいます。心身が衰弱し、モラハラ男にストーカー行為を受けている被害者を目の前にしながら、どうして逃げないのかと被害者を責めてしまうのです。

行政機関や法的機関が、本来、彼らが守るべきモラハラ被害者の女性を守れないことも多くあります。暴力を振るった男性が逮捕されても、すぐに釈放されてしまいます。彼はさらに怒りを増大させて家に戻ります。被害届を出そうとしても、何時間も待たされ、事件を誘発するようなことを何かしたのかと尋ねられ、あるいは身体的虐待を示す書類がない、ストーカー行為を証明する物的証拠がないなどの理由で「事件性がない」と片付けられてしまうこともあります。助けを求めて警察に連絡をした母親が、突然、ソーシャルワーカーから子どもを「守る義務を怠った」として質問を受けている自分に気づくこともあります。誰もモラハラ男に立ち向かってくれないなか、彼女は自分が非難されたと感じてしまいます。

モラハラ男が穏やかさを保つ一方で、怯える女性は「感情的すぎる」人間に見えてしまう

警察、裁判官、セラピスト、児童保護の調査担当者たちが、被害者の女性よりも穏やかで分別があるように見えるモラハラ男に騙されてしまうのは、よくあることです。彼女は虐待によってストレスがたまっていて、怯えていて、取り乱しています。彼は積極的に「正気でない女性

といるすてきな男性」という自分のイメージを打ち出していきます。セラピスト、医療関係者やソーシャルワーカーは、彼のトリックに騙され、女性をヒステリックでマゾヒスト的な、感情的すぎる人間だと決めつけ、さらには支配的な人間だというレッテルまで貼ってしまいます。

支配の構図について各分野の専門家が正しい質問ができなければ、意味のある支援も提供できません。実際、専門家たちがそれと知らずにモラハラ男の側に立ち、女性の孤立を深めてしまうケースも多いのです。

DVの支援者たちは、たいていの場合、モラハラ関係の構図を理解しています。なぜなら彼らは、身体的暴力はもとよりモラハラ被害に遭っている人々に日常的に接しているからです。支援者たちは、女性が相手との関係を続けるなか、彼女の自由を拡大し、必要ならば安全に逃げ出す方法を見つけてくれます。

専門家は自分は最善の方法を知っていると考えがちです。モラハラ被害を受けている人間に対してこうすれば良いと言ってしまいたい誘惑を退けるのは難しいことです。外から見れば単純なことのように思えます。関係から逃げ、彼を告訴し、すべての連絡を絶てば良いといった具合です。しかし志がどれだけ崇高であれ、支配に苦しんでいる人間に何をするべきかと言うことは、彼女に対してまた別の支配を押しつけていることになります。彼女は誰よりも問題の複雑さと危険性を理解しています。私たちは「助ける」ことと「乗っ取る」ことの間の境界線を越えてはなりません。最善のアプローチ方法は、彼女に敬意のある質問をし、情報や選択肢を提供し、被害女性が常に彼女自身で決断を下せるようにしてあげることです。彼女の選択と判断を尊重することによって、彼女が自信を取り戻し、自分の人生を自分で導いていく能力を取り戻す手助けをすることができます。

私たちはストーカー行為を受けることがどれだけ恐ろしいことなのかを理解しなくてはなりません。ストーカー行為はさまざまな方法で行われ、外から見れば無害なように見えることでも、被害者はストーカーの本当の意図を理解しています。たとえば、ストーカーが前妻の車の上に愛のメッセージを添えたバラの花束を置いた場合、それはロマンチックなように見えます。しかしストーカーは、彼女の居場所がわかっている、彼女の所有物に触れることなど恐れていないという意思表示をしています。さらに彼は、彼女が関係を終わらせようと思っている事実を自分は受け入れていないという意思表示もしています。

ストーカー行為は予測がつかない点でも被害者を恐れさせている

たとえ信じられないような、ありえないような内容であっても、私たちは被害者側からのストーカー行為の報告にもっと真剣に耳を傾けなくてはいけません。彼女は夜中に物音を聞き、家や庭では見たことのない物が置かれたり、物がなくなったりします。コンピュータが奇妙な動作をし、自分が注文していない品物が届いたり、友人から話しかけられなくなったり、ストーカーが通りや公共スペースに現れたと思ったら次にはいなくなったりといったことが起きています。自分の頭がおかしくなっていると思われたくなくて、女性はこういった話を他人にするのを躊躇します。モラハラ男のなかには被害者の頭がおかしいと思われるように、長期間にわたってこういった行動を続ける者もいます。これは彼の策略なのです。

ストーカー行為に使用される新しい技術が日々、生まれています。かつては不可能と思われたことが、次には簡単に可能になります。一見、普通に見えるデジタル時計に小型カメラが仕掛けられ、コンピュータのウェブカメラが遠隔操作され、簡単に盗聴や居場所確認ができるアプリが携帯電話にインストールされ、さまざまなプログラムが被害者のコンピュータの使用状況を監視しています。明日にはどんな技術が生まれているか想像すらつきません。被害者がモラハラ男に監視されている、あるいは密かに調べられていると人に話す場合、彼女がそう訴えるそれなりの十分な理由があるはずです。彼女が言うそういった監視の技術は実際に存在している可能性があります。あるいは彼は、彼女が知らない別の装置を使っている場合もあるでしょう。また、モラハラ男によって現実に対する見方が歪められた女性が、歯の詰め物を通して会話が聞き取れる、彼女の心が読めるなど、彼には不可能なことができると信じ込んでいても不思議はありません。

パートナーや前のパートナーとの間に子どもがいる女性は、特に厳しい状況に置かれています。親権命令によって面会が必要になった場合など、保護命令が徹底されず、それがストーカー行為を受ける原因にもなります。

専門家であっても、自分の中で「良い」被害者と「悪い」被害者というカテゴリーを作り出す誘惑にかられます。「良い」被害者は可愛らしく、はっきりと自分の意見を言い、貞淑で女性らしく、親しみやすく、脆さがあり、感謝の心を持ち、権威に対して従順です。取り乱し、機嫌が悪く、興奮していて、明確な英語が話せず、見かけが魅力的でない、あるいは権威に疑念を持っている被害者は、彼らの目には助ける価値がないように映ります。被害者が移民、LGBT、身体障害者、あるいは差別を受けている人種的マイノリティだった場合、たとえ被害者が本当に助けを必要としていても、専門家たちは手を引いてしまっている自分に気づきます。助けを求めることができない人こそが本当に助けを必要としている人間であることを、私たちは忘れてはなりません。私たちの仕事には、強い忍耐力と深い理解、そして苦しんでいる人たちの声に真に耳を傾ける能力が必要とされます。すべての被害者は、私たちの時間と努力と関わり合いに値する人々なのです。

12 結論

パートナーから身体的暴力を振るわれている弱者を守るための法律と社会福祉制度は、常に効果的ではないかもしれませんが、存在しています。しかし親密な関係における危険は身体的暴力だけではありません。虐待的な人間があからさまな身体的暴力を振るう代わりに別の形でおこなう有害なモラルハラスメントが許されてはならないことを、私たちは明確にしておかねばなりません。

女性は独立と自由の権利を持っています。女性が孤立させられ、支配的な男性の気持ちをなだめるために時間とエネルギーを使わなくてはならない時、それは彼女が個人的に苦しむだけでなく、社会や地域に対して十分に貢献できていないことを意味します。これは私たち皆にとっての損失です。

男性が暴力を振るう対象は、ほとんどの場合、男性です。男性の女性に対する暴力は、男性が一般に持つ暴力性に直接向き合わない限り、排除することはできません。少年も男性も、お互いが交流する際には「力を誇示する」のではなく、「力を合わせる」ことによってお互いを認め合う方法を学ばなくてはいけません。両親、アーティスト、社会科学者、ジャーナリスト、そして教育者は皆、少年や男性が自分の男らしさを新しい協力的な方法で表現することを学ぶ手助けをするべきです。社会における男女の役割についての考え方は、男性が女性パートナーの自立をより尊重しやすいものへと広げていくべきです。

すべてのカップルに当てはまる、付き合い方の雛形などは存在しません。それぞれのカップルは異なる力関係を調整しながら安定していくのであり、カップル間のそういった調整は時間とともに変化していきます。パートナーにより多くの支配を許す関係に幸福感を見出す人がいるなか、お互いが支え合い、親密で、平等であることに理想を求める人もいます。しかし問題なのは、カップルの一方が相手に尽くすために「常に犠牲に」なることによって、その相手が満足する関係です。親密な関係に脅しや恐れや罰が存在してはなりません。

カップルの一方が常に相手が犠牲になることで満足する関係は問題である

もちろんモラハラ関係から抜け出そうとする被害者の努力を助けることや、変わりたいと思っているモラハラ男を支援するのは大切なことです。しかし個々の問題を解決するだけでは、モラルハラスメントというこの大きな社会問題を解決することはできません。社会は女性が自分自身と子どもたちを支え、やがては独立を成し遂げるのに必要とされる経済的、そして教育的な資源を供給しなくてはなりません。私たちは、虐待的なカップルの関係を規制する法律を、その施行方法を含めて、モラルハラスメントの罠にはまり、過酷なモラハラ行為を受けている被害者を守るものにしなくてはなりません。ストーカー行為と性的強制に関する法律は、いまも虐待者と共に生活する人々を守るものに改正される必要があります。虐待者と共に生活する、あるいは婚姻生活を続けているからといって、女性がその関係のなかで起きている暴行や、ストーカー行為や監禁状態などの違法行為を承諾しているわけではありません。モラルハラスメントについては幅広い議論がなされるべきです。そうすれば、モラハラ行為が始まった時に、それがモラルハラスメントのある関係だと認識できるようになり、その関係に他者が介入することが可能になるからです。

第1章で登場したマンディのケースについて改めて見てみましょう。

ふたりの子どもがいる三五歳のマンディは、トムと結婚していました。トムのマンディへの支配はエスカレートし、彼女は家族に連絡することまで制限され、窮地に追い込まれていました。マンディは長年の友人であるカップルから支援を受けていました。トムは彼らに頻繁に会って欲しくないと思っていましたが、その友人カップルはマンディに電話をかけ、Eメールをし、彼女を訪ねてきてくれました。彼らはほとんどの場合、マンディが自分自身について肯定的に感じられるように助けていました。マンディはある朝、一二歳の子どもに「ママ、どうしてパパはママに何もさせてあげないの?」と聞かれ、「気づきの瞬間」を経験しました。

マンディは自分には自分自身の運命を決める権利があると決心し、自分を主張し始めました。髪型を自分の好きなようにし、トムに自分はオンラインのコースを取って大学の学位を取り、仕事を探すつもりだと言いました。トムは邪魔をしようとしましたが、マンディは自分の人生の地図は自分で描くと心に決めていました。

マンディは地元の女性支援センターに連絡を取り、セーフティプランを作り、トムに自分たちの結婚は終わったと告げました。トムは最初、子どもの親権を争ってやる、自殺してやると言って彼女を脅し、自分の元に戻ることを強要しようとしました。トムが尊敬しているマンディの父親が、トムをモラルハラスメントに理解のあるカウンセラーのところに連れて行きました。カウンセラーは、脅しを続けると子どもたちに会えなくなるかもしれないとトムに教えることで彼を落ち着かせ、分別のある行動を取る手助けをしてくれました。トムは友人宅で仮住まいを始め、マンディと子どもたちは、これまで通り家に住み続けることができました。トムは虐待者のためのグループに参加し、毎週土曜日に子どもたちを迎えに行く時以外は彼女に連絡をしないというマンディの希望を尊重しました。マンディとトムが再び一緒に暮らし始めるかどうかは時間が経たなければわかりません。しかしマンディは、おそらくそれはないだろうと思っています。トムはマンディやすべての女性に対する態度を改めることができたので、将来、誰かと健康的な関係を持つことができるでしょう。

本書であなたは、自分の人生を自分で決める能力を親密なパートナーから奪うことによってその相手を支配しようとする人間の物語を読んできました。こういった行動のひとつひとつは些細なもののように見えますが、それらは積み重ねられていきます。女性は自分の行きたい場所、自分が一緒に時間を過ごしたい相手、何を着たいか、何を食べたいかについて、自分自身で決められる状態でいなければなりません。彼女にパートナーがいる場合は、彼女はパートナーの希望を考慮した上でいくつかの決定を下そうとするでしょう。しかし、配偶者はもちろん、相手が誰であっても彼女の時間や考えを独占してはなりません。そして彼女は、多少なりとも、自分の希望や目標を優先すると罰を与えられるかもしれないと恐れるような生き方をしてはいけません。自分の人生すべてがパートナーを中心に作り上げられるようなことが求められてはならないのです。

あなたは本書で、モラルハラスメントの犠牲になっているさまざまな人々の物語を読んできました。本書の描写のなかに自分自身や知人の姿を重ね合わせた人もいるでしょう。決断する自由を奪われ、他人と時間を過ごすことを邪魔され、何か間違ったことをしたり言ったりしてしまうのではないかと恐れながら、見えない鎖に束縛されるのがどういうことなのか、あなたは見てきました。

多くの女性が自分はモラルハラスメントから自由になる道を見つけることなどできないと不安になっていたとしても、ハッピーエンドは可能です。被害者はこの「罠にはまった関係」から抜け出し、サバイバーとなるために、他の人々からの支援や理解や物質的な手段を必要としています。被害者には家族と友人からの愛情と、献身的で知識が豊富な専門家による保護が必要です。自由を獲得するためのプロセスは一夜にしては成りません。しかし自由は獲得できるものなのです。

謝辞

まず、エバン・スターク博士に深い感謝を表します。２００７年発行の彼の革新的な著書『コアシブ・コントロール――個人生活において男性はどのようにして女性を罠にはめるのか』は、女性に対する暴力に関して、まったく新しい視点でこの問題を理解する手助けとなりました。エバン博士は、本書の執筆についても、草稿段階から様々の重要なコメントをくださるなど、多大な支援をしてくださいました。

次の方々は、コアシブ・コントロールについて、時にはモラルハラスメントなどの別の呼び方を使って説明をしてくださいました。アルファベット順にデイヴィッド・アダムズ、ランディ・バンクロフト、コニー・ベック、メアリー・アン・ダットン、パトリシア・エヴァンス、アン・フリットクラフト、リサ・A・グッドマン、アン・ジョーンズ、マイケル・P・ジョンソン、デル・マーティン、ベス・E・リッチー、スーザン・シェッターの皆さんです。名前を挙げていない人もいるかもしれません。これについては心からお詫びを申し上げます。地球上に住むすべての人々のために、暴力を減らし、自由を獲得するため、日々努力しているこれらの著者、活動家そして被害者の皆さんに心からの敬意を表します。

また、本書の原稿を読み、内容に対して洞察や激励、批評をしてくださると同時に自身の専門分野の知識を共有してくださった次の方々に感謝いたします。あなた方の助けによって本書はずっと良いものとなりました。アルファベット順にサラ・エリノフ・アッカー、リンダ・ベイカー、ジェニー・ビーミン、デブ・ビックス、キャシー・コンロン、ドーン・ディステファーノ、ヨーランダ・フォンタニル、イラーナ・ジェルジオイ、キム・ジェロード、マグダレナ・ゴメス、レイチェル・ヘア＝マスティン、カレン・レヴィーン、ジェイ・ロウブリス、ジェニー・メイスン、メッタ・マクガービー、キャシー・マクスウェイン、ペンニ・ミッカ、キンバー・ニコレティ、ジャニン・ロバーツ、ナオミ・ローゼンブラット、ロバート・シュミッドさんです。

そして私の友人たち、ワークショップに参加された方々、以前のクライアント、私に体験談を託してくださる過程で出会った人々に感謝いたします。皆さんを公平に扱うことができていることを祈ります。本書に間違いや、見落とし、不足な箇所などがあればお詫びいたします。ザ・ギルフォード・プレスのチームの皆さん、特にこのプロジェクトを信じ、最初に話をした時から支援してくださったクリス・ベントン、ジュディス・グラウマン、キティ・ムーアに心から感謝しています。

私を奮いたたせ、私自身を取り戻す手助けをしてくれた人々に特別の感謝を捧げます。特に、セージ・フリーチャイルド、イラーナ・ジェルジオイ、リサ・リピエロ、マリアン・マクドナルドに。またマサチューセッツ大学、アムハースト町の警察、マサチューセッツ州ノーザンプトンのセーフ・パッセージ、マサチューセッツ州アムハースト町のセンター・フォー・ウイメン・アンド・コミュニティにも感謝を述べさせていただきます。

私が作家となりフェミニストとなった大きな理由は、母であるミュリエル・フォックスが道を示してくれたからです。個人的な、そしてプロフェッショナルとしての彼女の継続的な支援は私の宝物です。お母さん、ありがとう。

そしてミ・ジェンテ（私の仲間）とミシュプッシャ（ロシア系ユダヤ人の友人たち）。国はちがってもこの親愛なるコミュニティと友人たちは、平穏な時も苦難の時も私を支えてくれました。誰のことを話しているかわかるでしょう。私は本当に恵まれています。私を泣かせたり笑わせたりしてくれたジェイ・ロウブリス。そしてカレン、キム、リンダ、ウェンディ、これからもいつもお互いを頼りにできますよう祈っています。

私の三人のすばらしい子どもたち、アンナ・ルア、マーリーナとガブリエル・アロンソン・フォンテスに最大のハグを捧げます。あなたたちは、この本の草稿を読み、洞察に富んだ提案をしてくれました。あなたたちが毎日私に与えてくれるインスピレーションと楽天性と幸せに感謝しています。あなたたちと世界のすべての若者たちが思いやりのある愛に満ちた関係に包まれていることを心から願っています。

人々が支配されることなく生き、愛することができる世界になるよう、この本を捧げます。

訳者あとがき

　モラルハラスメントとは、「カップルの一方が相手を支配し、虐待的な方法で脅す」こと。アメリカではコアシブ・コントロール（強制的な、威圧的な支配）と呼ばれている。モラハラの被害者たちは目に見える痣やケガがなくとも、パートナーから日常的に、経済的、精神的な虐待を受けたり、社会から隔離されたりしている。

　本書を読んでまず驚いたのは、アメリカでモラルハラスメントが広く認識されるようになったのが、わずか一〇年ほど前だということだった。アメリカでは七〇年代以降、ドメスティック・バイオレンス（ＤＶ）の概念が定着し、公共機関による対応や被害者への支援も進んでいる。だが、ＤＶや脅しに対する対応は、先進国アメリカであってもいまだ十分とは言えないのが現状なのだ。

　本書は学術書ではなく、親密な間柄においてモラルハラスメントがどのようにして生じ、被害者にどのような影響をもたらすのかについて、一般の人々に向けてわかりやすく書かれたものだ。実際にモラルハラスメントの被害に遭っている人々に向けた質問事項が設けられ、被害者が自分の置かれている状況を理解し、そこから抜け出すための手引書として使えるようになっている。同時に、モラハラ被害者がどうしてその関係から抜け出しにくいのか、第三者にはわかりにくいモラハラの仕組みと、加害者と被害者の力関係などについても詳しく説明されている。被害者の家族や友人たち、被害者を支援するべき公共機関やセラピストなどの専門家が、モラルハラスメントに対する理解を深める手助けとなるように構成されている。

モラルハラスメントには様々な形があるだけに、被害者が置かれている状況を本人のみならず周囲が理解し、支援することがどれだけ大切か、著者は様々な実例をあげながら説明していく。銃の問題、軍人の家庭に関するアドバイスなど、日本の状況には当てはまらない内容も含まれているが、米国でのモラルハラスメントの実情がどんなものであるかを知ることができる点で非常に興味深い。

本書に寄せられた賛辞のひとつに、自分の青春時代にこの本と出会いたかったという声があった。本書の翻訳を進めるなかで、自分がこれまで女性として生きてきたなかで遭遇したり、感じたり、見聞きしたりした出来事に一体どういう背景や男女間の力関係の仕組みがあったのか、私自身もさまざまなことに気づかされた。モラルハラスメントが生まれる背景には、男性による女性支配を容認する社会の価値観が大きく関係している。モラハラのない社会を実現するためには、社会全体がその意識を変え、女性をひとりの人間として尊重する健康的な男女関係について子どもたちに正しい知識を与えていくことが重要だと著者は強く訴える。自らがモラハラの被害者であり、専門家として数多くの被害者の話を聞き、彼ら彼女らの支援をしてきた著者の主張は論理的であり、強い説得力がある。本書はモラハラの被害者やその周囲にいる人々だけでなく、警察や公共機関、医療、教育などの分野の専門家を含め、男女に関係なく多くの人たちに読んでいただけたらと思う。

最後に本書の翻訳と編集に際し、大変お世話になった晶文社の安藤聡さんに心より感謝を申し上げます。また、仕事を進めるにあたって様々な支援をしてくれた夫の秦隆司と息子の悠生に感謝します。

二〇一七年九月

宮家あゆみ

* 原著の巻末に掲載されているResourcesとReferencesを、晶文社のホームページで公開しています（http://www.shobunsha.co.jp/?p=4401）。

リサ・アロンソン・フォンテス博士

LISA ARONSON FONTES, PHD

カウンセリング心理学の博士号を持ち、25年以上にわたって、児童虐待、女性に対する暴力、家族問題の分野の仕事に従事。研究、講演などの活動を行うとともに、マサチューセッツ州立大学アムハースト校で教鞭を執っている。自身がモラルハラスメントやストーカー行為の被害者でもある。

ウェブサイト www.lisafontes.com

宮家あゆみ

AYUMI MIYAKE

ブックジャム・ブックス代表。ニューヨーク在住。ライター・翻訳者・編集者。神奈川県鎌倉市出身。ニューヨーク大学大学院卒。アメリカ文学専門誌『アメリカン・ブックジャム』の取材、執筆、編集ほか出版業務全般に携わる。訳書に『ブックストア――ニューヨークで最も愛された書店』『チャスとリサ、台所でパンダに会う』『ガール・クック』『マイ・ハートビート』『ドラッグ・カルチャー――アメリカ文化の光と影(1945~2000年)』『シバの女王の娘』などがある。朝日新聞GLOBE紙面「世界の書店から」でニューヨークの回を執筆中。

モラルハラスメント あなたを縛《しば》る見《み》えない鎖《くさり》

2017年9月30日　初版

著　者
リサ・アロンソン・フォンテス

訳　者
宮家あゆみ

発行者
株式会社晶文社
〒101-0051 東京都千代田区神田神保町1-11
電話 03-3518-4940（代表）・4942（編集）
URL http://www.shobunsha.co.jp

印刷・製本
中央精版印刷株式会社

ISBN978-4-7949-6974-3 Printed in Japan